prima A2

Band 4

Friederike Jin
Lutz Rohrmann
Grammatiki Rizou

prima A2 / Band 4

Deutsch für Jugendliche

Im Auftrag des Verlages erarbeitet von
Friederike Jin, Lutz Rohrmann und Grammatiki Rizou

Projektleitung: Gunther Weimann
Redaktion: Lutz Rohrmann und Jitka Staňková

Beratende Mitwirkung: Jarmila Antošová, Panagiotis Gerou,
Ildiko Soti, Violetta Katiniene, Magdalena Michalak, Milena Zbranková

Illustrationen: Lukáš Fibrich
Bildredaktion: Petr Vítek
Layout und technische Umsetzung: Milada Hartlová
Umschlag: werkstatt für Gebrauchsgrafik, Berlin

Weitere Materialien:
Arbeitsbuch mit Audio-CD: ISBN 978-3-06-020173-0
Audio-CD zum Schülerbuch: ISBN 978-3-06-020174-7
Handreichungen für den Unterricht: ISBN 978-3-06-020175-4

www.cornelsen.de

Die Links zu externen Webseiten Dritter, die in diesem Lehrwerk angegeben sind, wurden vor Drucklegung sorgfältig auf ihre Aktualität geprüft. Der Verlag übernimmt keine Gewähr für die Aktualität und den Inhalt dieser Seiten oder solcher, die mit ihnen verlinkt sind.

1. Auflage, 3. Druck 2013

Alle Drucke dieser Auflage sind inhaltlich unverändert und können im Unterricht nebeneinander verwendet werden.

© 2009 Cornelsen Verlag, Berlin
© 2013 Cornelsen Schulverlage GmbH, Berlin

Das Werk und seine Teile sind urheberrechtlich geschützt.
Jede Nutzung in anderen als den gesetzlich zugelassenen Fällen bedarf der vorherigen schriftlichen Einwilligung des Verlages.
Hinweis zu den §§ 46, 52 a UrhG: Weder das Werk noch seine Teile dürfen ohne eine solche Einwilligung eingescannt und in ein Netzwerk eingestellt oder sonst öffentlich zugänglich gemacht werden. Dies gilt auch für Intranets von Schulen und sonstigen Bildungseinrichtungen.

Druck: Stürtz GmbH, Würzburg

ISBN 978-3-06-020172-3

 Inhalt gedruckt auf säurefreiem Papier aus nachhaltiger Forstwirtschaft.

Das ist prima

prima 4 ist der vierte Band eines Deutschlehrwerks für Jugendliche ohne Deutsch-Vorkenntnisse. Prima orientiert sich eng am Gemeinsamen europäischen Referenzrahmen. Band 1 und 2 führen zur Niveaustufe A1, Band 3 und 4 zu A2, der fünfte Band zu B1 und der sechste zu B2.
prima macht Schritt für Schritt mit der deutschen Sprache vertraut und regt von Anfang an zum Sprechen an.

Das **Schülerbuch prima 4** enthält sieben Einheiten, eine **„Kleine Pause"** und eine **„Große Pause"** sowie eine Wortliste im Anhang.
Die **Einheiten** bestehen jeweils aus acht Seiten. Die erste bilderreiche Seite führt zum Thema einer Einheit hin. Es folgen sechs Seiten mit Texten, Dialogen und vielen Aktivitäten, die die Fertigkeiten Hören, Sprechen, Lesen und Schreiben und die Aussprache systematisch entwickeln. Im Sinne des europäischen Sprachenportfolios schreiben die Schüler und Schülerinnen auch regelmäßig über sich selbst und ihre Erfahrungen.
Die grünen Merkkästen **„Land und Leute"** vermitteln aktuelle Landeskunde über die deutschsprachigen Länder. Die orangenen Kästen **„Denk nach"** helfen dabei sprachliche Strukturen selbst zu erkennen.
Die letzte Seite einer Einheit, **„Das kannst du"**, fasst das Gelernte zusammen.
Die **„Kleine Pause"** nach Einheit 10 und die **„Große Pause"** nach Einheit 14 wiederholen den Lernstoff spielerisch.
Im **Anhang** gibt es eine alphabetische Wortliste mit den jeweiligen Fundstellen.

Das **Arbeitsbuch** mit integrierter Lerner-Audio-CD unterstützt die Arbeit mit dem Schülerbuch durch umfangreiches Übungsmaterial. Zur schnellen Orientierung findet man zu jedem Lernabschnitt im Schülerbuch unter der gleichen Nummer im Arbeitsbuch ein passendes Übungsangebot.
Im **Fitnesscenter Deutsch** gibt es dazu noch übergreifende Hör- und Lesetexte und spielerische Angebote. Am Ende der Arbeitsbucheinheiten können die Lernenden in **„Einen Schritt weiter** – Was kann ich jetzt" ihren Lernfortschritt selbstständig überprüfen und auf der letzen Seite finden sie den **Lernwortschatz** der Einheit nach Lernabschnitten geordnet.

Die **Audio-CDs zum Schülerbuch** enthalten die Dialoge, Hörtexte und die Übungen zur Aussprache.

Unter **www.cornelsen.de** gibt es für die Arbeit mit Prima Zusatzmaterialien, Übungen und didaktische Tipps sowie interessante Links.

Wir wünschen Ihnen viel Spaß
und Erfolg beim Deutschlernen mit

prima

Inhalt

Fitness und Sport 8

Das lernst du

- Über Sport sprechen
- Über Unfälle sprechen
- Ausreden/Entschuldigungen formulieren
- Gedächtnisübungen machen

1 Unsere Basketballmannschaft ist richtig gut! Aber letzte Woche hat Mario seinen Arm verletzt und durfte nicht weiterspielen. Deshalb haben wir 59:61 verloren.

2 Am liebsten mache ich Kickboxen, aber ich spiele auch gern Schach. Ich trainiere seit zwei Jahren und habe schon einige Preise gewonnen.

3 Ich liebe Gedächtnistraining. 2007 konnte ich bei der Gedächtnismeisterschaft 104 Namen und Gesichter nach 10 Minuten zuordnen und war deutsche Juniorenmeisterin.

4 Ich liebe Sport und spiele regelmäßig Basketball. Am besten bin ich im Tischtennis. Ich spiele seit drei Jahren im Verein. Mein Ziel: einmal bei der Behindertenolympiade „Paralympics“ mitmachen.

1 Bilder und Wörter

a Sieh dir Seite 5 an. Ordne die Texte den Bildern zu.

CD 2 **b Hör zu. Zu welchen Bildern passen die Aussagen?**

c Hör noch einmal. Welcher Titel (A oder B) passt zu den Aussagen 1 und 2?

A Entspannung durch Ruhe und Musik   B Entspannung durch Bewegung

d Wie findet ihr die Aktivitäten auf Seite 5?

Das finde ich nicht. Ich mache gerne Puzzle. Da kann ich mich so richtig entspannen.

Puzzeln? Das ist doch etwas für kleine Kinder!

2 Aktiv sein

a Welche Sportarten und Aktivitäten kennt ihr? Welcher Wortschatz passt dazu? Macht ein Assoziogramm an der Tafel.

b Fragt in der Klasse.

Ist Sport wichtig?

a Zu welchem Bild passen diese Wörter: Sportmuffel, Sofasportler und Sportfanatiker?

b Zu welchem Bild passt die Äußerung?

Der Fitnesswahnsinn geht mir auf die Nerven! Wieso soll ich denn schwitzen?

c Schreib eine Äußerung für die anderen Bilder. Vergleicht in der Klasse.

d Welcher Typ bist du? A, B oder C – oder vielleicht ganz anders?

Ich bin eher A als C.

Im Sommer bin ich A, aber im Winter bin ich C.

Interviews

a Schreib die Fragen.

1. Wie
2. Wohin
3. Du musst in den dritten Stock: Nimmst du
4. Wie lange sitzt du
5. Machst du
6. Welche Sportart siehst du

a) aktiv Sport? Was? Wie oft?
b) gehst du zu Fuß?
c) kommst du in die Schule?
d) pro Tag auf einem Stuhl?
e) die Treppe oder den Aufzug?
f) am liebsten im Fernsehen?

b Wähle drei Fragen aus und mach zwei Interviews. Berichte die besten Antworten.

Land und Leute

In Deutschland, Österreich und der Schweiz machen viele Jugendliche Sport im Verein. Allein in Deutschland gibt es ca. 89.000 Sportvereine. Die beliebteste Vereinssportart in allen deutschsprachigen Ländern ist Fußball.

www.meinverein24.de (größtes Portal für Sportvereine in D, A, CH)

5 Sportler aus Deutschland, Österreich und der Schweiz

a Wer ist wer? Ordne zu.

Roger Federer

1 Seine Sportart macht er schon lange nicht mehr, aber noch heute kennt ihn fast jeder. Er ist in der Nähe von Graz in Österreich geboren. Mit 15 Jahren hat er mit dem Krafttraining angefangen, weil er ein großer Bodybuilder werden und nach Amerika gehen wollte. Mit 20 Jahren war er „Mr Universum". Er hat zwölf Weltmeistertitel gewonnen und in vielen Hollywoodfilmen gespielt. Eine seiner großen Filmrollen war der „Terminator". Dann wurde er Politiker und Gouverneur in Kalifornien. Er hat vier Kinder und drei Hunde.

2 Seine Karriere hat in Kerpen (Nordrhein-Westfalen) auf einer Gokart-Bahn begonnen. Zwischen 1991 und 2004 hat er sieben Formel-1-Weltmeistertitel gewonnen und deshalb 2002 den Titel „Weltsportler des Jahres" und 2004 den Titel „Weltsportler des Jahrhunderts" bekommen. Er hat 91 Rennen gewonnen und gilt noch heute als der beste Formel-1-Fahrer aller Zeiten. Er ist sozial sehr engagiert und unterstützt Projekte für Kinder in der ganzen Welt. Seit 2002 ist er auch „Sonderbotschafter der UNESCO".

Arnold Schwarzenegger

Michael Schumacher

3 Er hat mit drei Jahren mit dem Tennisspielen angefangen. Jahrelang war er die Nummer 1. Er ist der einzige Spieler, der dreimal in seiner Karriere drei Grand-Slam-Turniere in einer Saison gewinnen konnte. Zwischen 2004 und 2007 war er vier Mal „Weltsportler des Jahres" und hat fünf Mal das Tennisturnier von Wimbledon (England) gewonnen. Aber in Wimbledon und in Peking 2008 musste er den ersten Platz einem anderen überlassen. Er ist Schweizer UNICEF-Botschafter und unterstützt z.B. die Aktion gegen Kinder-Aids.

b Beantworte die Fragen.

1. Was war der Traum von Nr. 1?
2. Welche Berufe hatte Nr. 1 in seinem Leben?
3. Warum gilt Nr. 2 als bester Formel-1-Pilot?
4. Wie engagiert sich Nr. 2 sozial?
5. Wie oft war Nr. 3 Weltmeister?
6. Ist Nr. 3 noch weltbester Tennisspieler?

c Prominente aus Sport, Kino, Musik – Such dir eine Person aus und stell sie der Klasse vor, aber sag den Namen nicht. Können die anderen raten, wer es ist?

CD 3

6 Phonetik: *j*

Hör zu und sprich nach.

jahrelang – das Jahr – das Jahrhundert – jetzt – jeder – das Projekt
Aber: joggen – die Jeans – jonglieren – der Journalist

CD 4

Wo bist du denn?

a Hört den Dialoganfang. Überlegt: Was ist hier los? Sprecht in der Klasse.

CD 5

b Hört jetzt den ganzen Dialog. Waren eure Vermutungen richtig?

▶ Martin Müller.
▶ Martin – na endlich! Wo bist du denn?
▶ Wieso?
▶ Wir hatten heute eine Verabredung. Ich warte auf dich.
▶ Ups! Auweia! Entschuldige! Das habe ich total vergessen. Wir hatten heute länger Judotraining. Sorry!
...

c Schreib ein eigenes Dialogende.

Aber da kannst du doch wenigstens Bescheid sagen!

d Ausreden und Entschuldigungen – Ordne 1–4 und a–d zu.

1. Meine Uhr — a) 15 Minuten Verspätung.
2. Mein Bus hatte — b) geht nicht richtig.
3. Ich konnte — c) dass heute Mittwoch ist.
4. Ich habe gedacht, — d) meinen Schlüssel nicht finden.

e Erfinde eigene Ausreden und Entschuldigungen.

CD 6

Sprechen üben: Vorwürfe und Entschuldigungen

a Hör zu und sprich nach.

Warum hast du denn meinen Hamburger gegessen? – Ups, war das dein Hamburger? Tut mir leid.
Warum hast du denn meinen Hamburger gegessen? – Das war ich nicht. Das war mein Hund.

b Ein Spiel.

- Jeder schreibt auf zwei Zettel einen Vorwurf / ein Problem und eine Ausrede / eine Entschuldigung. Mischt die Zettel.
- Jeder bekommt einen Vorwurfzettel und einen Ausredezettel.
- A liest seinen Vorwurfzettel vor. Wer hat die passende Ausrede/Entschuldigung? Vielleicht gibt es mehrere Antworten.

CD 7

Sportunfälle

a Ein Arm im Gips. Hör das Interview mit Mario. Wann und wo ist der Unfall passiert?

1. beim Fußballspielen
2. beim Basketballspielen
3. beim Judo

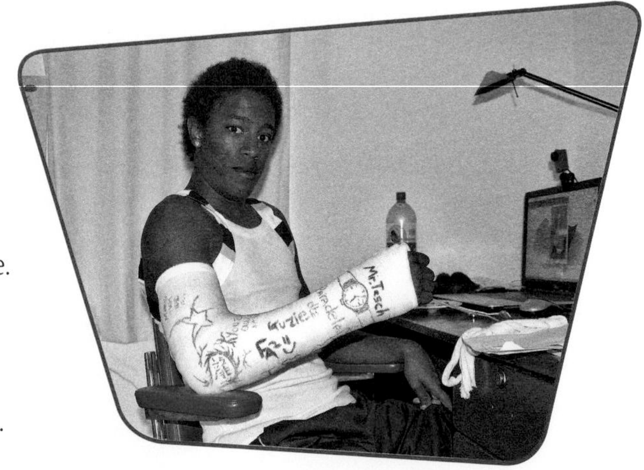

b Hör das Interview noch einmal. Sind die Aussagen richtig oder falsch?

1. Marios Lieblingssportarten sind Judo und Karate.
2. Im Fernsehen sieht er gern Fußballspiele und Basketballspiele.
3. Er hat sich beim Basketballspielen verletzt.
4. Mario musste einen Monat in der Klinik bleiben.
5. Jetzt hat Mario keine Schmerzen mehr.

c Kurz nach dem Spiel – Bring die vier SMS in die richtige Reihenfolge.

d Ordne 1–4 und a–d zu.

1. Ich bin mal beim Skaten hingefallen und mein Bein war gebrochen,
2. Svenja und Tim hatten Grippe
3. Mich hat mal ein Ball am Kopf getroffen.
4. Ben hat sich beim Handball am Auge verletzt

a) Mir war schlecht und ich wollte nur liegen.
b) und durfte zwei Wochen lang nicht fernsehen oder mit dem Computer spielen.
c) ich musste einen Gips tragen und durfte einen Monat nicht skaten.
d) und durften gestern nicht zum Schulfest.

e Lies c und d noch einmal. Ergänze das „Denk nach".

Denk nach

ich/er/es/sie/man	*durf...*
du	*durftest*
wir/sie/Sie	*durf...*
ihr	*durftet*

Unfälle

Hattest du schon mal einen Unfall? Fragt euch gegenseitig.

Wann? Wo?	Was ist passiert?	Ergebnis
gestern/vorgestern vor einer Woche vor einem Monat/Jahr ... beim Basketballspielen in der Schule auf dem Weg zum/zur ...	bin vom Pferd gefallen / hingefallen / ... Fuß/Bein/Knie/ Arm/Kopf/Auge/... war/ist gebrochen/verletzt	hatte Schmerzen/Kopfweh/... musste ins Krankenhaus / zum Arzt musste einen Gips tragen / liegen /... durfte einen Monat lang nicht ... / kein ...

Ich bin vor einem Jahr vom Rad gefallen. Ich hatte große Schmerzen und konnte nicht ...

Lernen lernen: Gehirnjogging – der etwas andere Sport

a Lies den Text über Katharina Bunk.

Katharina Bunk hat mit elf Jahren mit dem Gedächtnissport begonnen und war gleich in ihrem ersten Jahr (2002) Kinderweltmeisterin. Bei den deutschen Junioren-Gedächtnismeisterschaften 2007 konnte sie sich beim „Zahlensprint" 250 Zahlen und beim „Wörterlauf" 114 Wörter in jeweils 10 Minuten merken. Im Jahre 2008 war sie auf Platz 16 der Weltrangliste. Auch ihr Bruder Sebastian ist ein großes Talent und war 2008 auf der Weltrangliste nur knapp hinter seiner Schwester auf Platz 22.

Für den Gedächtnissport braucht man System und Training!

b Mach die zwei Übungen.
Wie viele Zahlen und Wörter kannst du lernen?

„Zahlensprint"

Du hast fünf Minuten Zeit. Lerne die folgenden 20 Zahlen in dieser Reihenfolge:

3 6 9 2 4 6 5 7 9 0 1 2 3 4 3 4 5 9 8 9

„Wörterlauf"

Du hast fünf Minuten Zeit. Lerne die folgenden 20 Wörter in dieser Reihenfolge:

Wochenende, Sonne, Fußball, Freunde, Spaß, hinfallen, Arm, Vater, Auto, Arzt, gebrochen, Ruhe, wehtun, Fernsehen, Sport, langweilig, schreiben, Physik, schwer, Klassenarbeit.

c Wie habt ihr die Zahlen und Wörter gelernt? Berichtet in der Klasse.

d Ein Tipp von den Weltmeistern: Ordne die Wörter. Funktioniert das? Was meint ihr?

TIPP So lernt man die 20 Wörter am besten: eine – mit – Geschichte – Wörtern – Mach – den

8 Das kannst du

Über Sport sprechen

Am liebsten spiele ich Basketball mit meinen Freunden.
Ich schwimme jede Woche zwei Mal.
Ich bin gut im Schwimmen. / Am besten bin ich …
Ich trainiere seit … Jahren.
Ich habe schon viele Wettkämpfe gemacht.
Ich habe schon viele Preise gewonnen.
Der Fitnesswahnsinn geht mir auf die Nerven!

Über Unfälle sprechen

Ich hatte mal einen Unfall beim Skaten. Mein Bein war gebrochen und ich durfte einen Monat nicht skaten.
Ben hat sich beim Handball am Auge verletzt und durfte nicht fernsehen.
Vor zwei Jahren hat mich mal ein Ball am Kopf getroffen. Mir war schlecht und ich wollte nur liegen.
Ich bin mal vom Pferd gefallen.

Entschuldigungen formulieren

Sorry, meine Uhr geht nicht richtig.
Tut mir leid, ich musste meiner Mutter in der Küche helfen.
Mein Bus hatte leider Verspätung.

Außerdem kannst du …

… Texte über berühmte Personen verstehen.
… Kurzbiografien schreiben und vortragen.
… Gedächtnisübungen machen.

Grammatik kurz und bündig

Vergangenheit: Modalverben im Präteritum (Zusammenfassung)

Infinitiv	***können***	***müssen***	***wollen***	***dürfen***
ich/er/es/sie/man	*konnte*	*musste*	*wollte*	*durfte*
du	*konntest*	*musstest*	*wolltest*	*durftest*
wir/sie/Sie	*konnten*	*mussten*	*wollten*	*durften*
ihr	*konntet*	*musstet*	*wolltet*	*durftet*

*Er **wollte** weiterspielen, aber er **konnte** nicht.*
*Er **musste** sofort in die Klinik fahren, weil sein Arm verletzt war.*
*Er hat zu viele Fouls gemacht und **durfte** nicht weiterspielen.*

Austausch

9

1 In Deutschland fahre ich nicht mit dem Schulbus zur Schule, sondern mit dem Fahrrad.

A

Das lernst du

- Über Ängste und Sorgen sprechen
- Jemanden beruhigen/trösten
- Länder vergleichen
- Eine Zimmereinrichtung beschreiben
- Verständigungsprobleme klären
- Tagebucheinträge verstehen

B

C

2 Ich finde es toll, dass es so viele Freizeitaktivitäten in der Schule gibt.

3 Ich möchte so gerne mal wieder Kartoffelbrei mit Würstchen essen.

4 In Deutschland muss ich keine Schuluniform tragen. Ich kann anziehen, was ich will.

D

5 Die Familie wohnt mit den Großeltern zusammen.

6 Ich möchte keinen Austausch machen. Ich habe Angst, dass ich dann nichts verstehe.

E

F

1 Unser Thema heute: „Schüleraustausch“

a Welcher Satz auf Seite 13 passt zu welchem Foto?

CD 8

b Hör zu, welche Fotos passen zu welchem Interview?

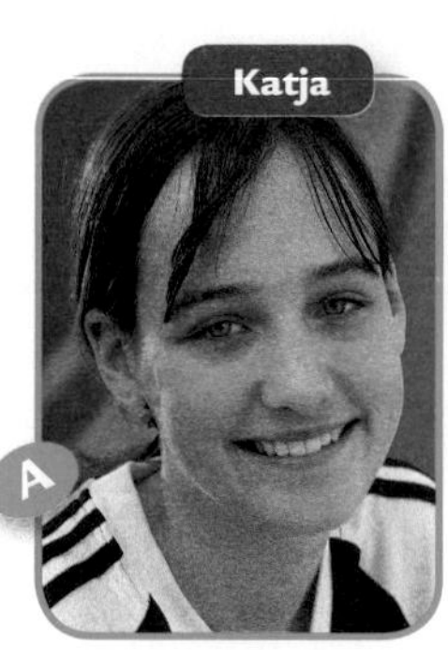

c Mach eine Tabelle und ergänze die Informationen.

	Katja	*Joscha*	*Miriam*	*Tim*
Austausch wohin?				
Wann? / Wie lange?			*in einem Monat*	
gut/schlecht?		*super*		

2 Alles ist anders!

Lies das „Denk nach“. Hör noch einmal Katja und Joscha und ergänze die Sätze.

Denk nach

Es gibt keine Kartoffeln,	*sondern Reis.*
Ich fahre nicht mit dem Fahrrad zur Schule,	*sondern mein Gastvater bringt mich mit dem Auto.*
Wir haben nicht den halben Tag Schule,	*...*

Katja erzählt:

1. Der Verkehr ist nicht geordnet, sondern ...
2. Von der Schule nach Hause kann sie nicht mit dem Fahrrad fahren, sondern ...
3. Sie braucht für den Schulweg nicht zehn Minuten, sondern ...
4. Mittags isst sie nicht zu Hause, sondern ...

Joscha erzählt:

5. In Deutschland lebt Joscha nicht in einer großen Familie, sondern ...
6. Joschas Gastfamilie war nicht klein, sondern ...
7. Am Wochenende war es nicht ruhig, sondern ...

3 Deutschland und euer Land.

Vergleicht euer Land mit Deutschland: Verkehr, Wohnen, Essen, Schule, Freizeit ...

Bei uns gibt es kein ...
Bei uns kann/muss man nicht ...,
sondern man kann/muss ...
Unser Land ist ... als Deutschland.
Das Essen in Deutschland ist ... genauso ...
wie ... / ganz anders als ...

Land und Leute

Jedes Jahr gehen mehr als 10.000 deutsche Schüler und Schülerinnen für drei Monate oder länger ins Ausland. Private Organisationen organisieren den Gastaufenthalt in Internaten oder Gastfamilien. Die Schüler nehmen im Gastland meistens am ganz normalen Unterricht teil. Viele Schulen haben auch eine Partnerschule und organisieren für Schülergruppen jedes Jahr einen 1- bis 2-wöchigen Austausch.

4 Sprechen üben – Mach dir keine Sorgen!

CD 9 **a Hör zu und sprich nach.**

b Sprecht zu zweit. A macht sich Sorgen, B beruhigt oder tröstet.

Vielleicht mag ich das Essen nicht.

Hoffentlich finde ich den Weg zur Schule.

Ich habe Angst, dass ich alles falsch mache.

Was mache ich, wenn mir das Essen nicht schmeckt?

Vielleicht ...	Mach dir keine Sorgen, ...
Hoffentlich	Da kann ich dich trösten, das schaffst du schon.
Ich habe Angst, dass ...	Da musst du / kannst du ...
Was mache ich, wenn ...?	

5 Linda möchte ins Ausland gehen – Bewerbungsformulare

Lies das Formular und schreib ein Formular für dich. Mischt die Formulare und lest sie ohne Namen vor. Ratet: Wer hat was geschrieben?

Name/Geburtsdatum/Klasse	Linda Peters, 18. 2. 1996, 10 D
Wer hatte die Idee für einen Schüleraustausch?	Meine Freundin hat einen Austausch gemacht. Das war eine tolle Erfahrung. Jetzt möchte ich auch ins Ausland gehen. Meine Eltern finden die Idee auch gut.
Beschreibe deine Familie.	Ich lebe mit meiner Mutter und meinen zwei Brüdern zusammen. Stefan ist 9 und Lukas 14 Jahre alt. Meine Eltern sind geschieden. Ich bin jedes 2. Wochenende bei meinem Vater.
Was für eine Gastfamilie wünschst du dir? (Kleine Kinder, große Kinder, Haustiere, in der Stadt, auf dem Land ...)	Ich möchte gerne eine Familie mit Kindern in meinem Alter. Am liebsten möchte ich eine Gastschwester. Haustiere mag ich, aber sie sind mir nicht so wichtig. Ich möchte nicht so gerne auf dem Land wohnen, lieber in einer mittelgroßen Stadt.
Was sind deine Hobbys?	Musikhören, Tanzen, Schwimmen.
Was denkst du, wie kannst du im Gastland Freunde finden?	Ich möchte offen sein und mit vielen reden, wir können zusammen Musik hören und tanzen gehen, dann kann man gute Freunde finden.
Was ist für dich besonders wichtig?	Ich möchte nicht viel alleine sein. Ich mag gerne mit Menschen zusammen etwas machen.
Unterschrift	

6 Linda in Shanghai – die Wohnung der Gastfamilie

CD 10 **a Hör das Gespräch zwischen Linda und ihrer Mutter. Welche Wohnung passt?**

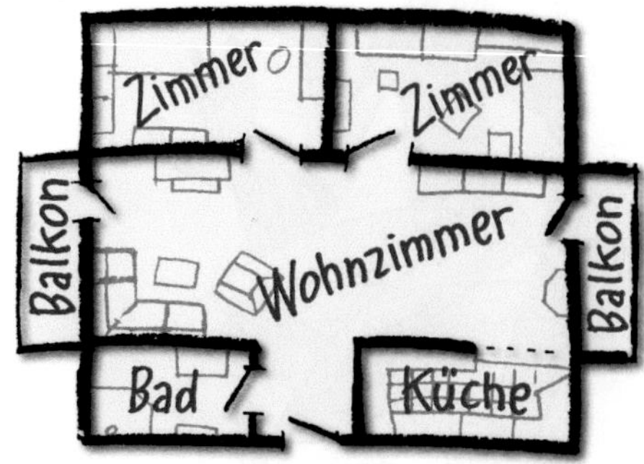

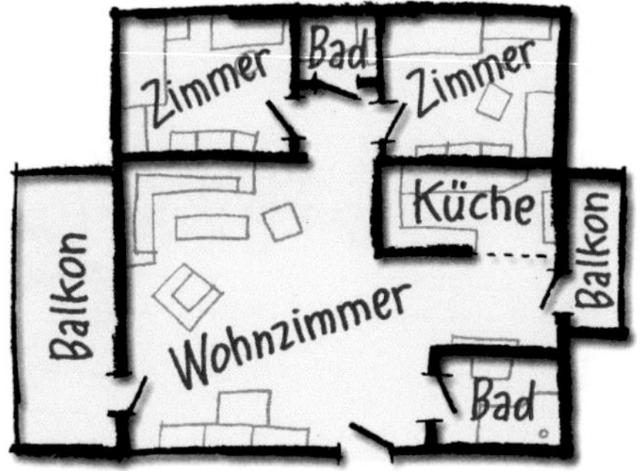

b Hör das Gespräch noch einmal und ergänze die Sätze im Heft.

Der Schrank steht rechts … … Tür.

Das Regal steht … … Schrank.

Der Schreibtisch steht … Fenster.

Das Bett ist links … … Tür.

Die Lampe hängt … … Betten.

Über dem Kopf.

c Präpositionen üben:
Eine/r zeigt, eine/r spricht.

7 Phonetik – Wiederholung lange und kurze Vokale

CD 11 **a Hör zu, sprich nach. Ist der markierte Vokal lang oder kurz?**

das Bett – hoffentlich – können – anziehen – der Wecker – das Fahrrad – wohnen – stehen – groß
müssen – das Klavier – liegen – schaffen – die Erfahrung – der Teppich – der Sessel – ruhig

b Ergänze die Regeln und ordne die Wörter aus a den Regeln zu.

1. Vor einem Doppelkonsonanten (*ss*, *tt*, *pp*, *ck*…) ist der Vokal immer …
2. Vor einem *h* ist der Vokal immer …
3. Vor einem *ß* ist der Vokal immer …
4. *ie* oder *ieh* spricht man immer …

Auspacken

a Betrachte die Zeichnung, lies 1–5 und ergänze das „Denk nach".

Denk nach

in, an, auf, über, unter, vor, hinter, neben, zwischen

Wohin? ⇨ ○
Präposition + Akkusativ
in d... Schrank
vor d... Bett
hinter d... Tür
neben d... Bücher

in das = ins
an das = ans

1. Pullover? In den Schrank.
2. Schuhe? Vor das Bett.
3. Foto? Auf den Tisch.
4. Koffer? Hinter die Tür.
5. CDs? Neben die Bücher.

b Wohin kann Linda ihre Sachen tun? Schreib Sätze.

1. Den Wecker kann sie ... stellen.
2. Das Handy kann sie ... legen.
3. Das Kleid kann sie ... hängen.
4. Den Ausweis kann sie ... legen.
5. Sie kann den Fotoapparat ... legen.
6. Ihre Gitarre kann sie ...
7. Den MP3-Player ...
8. Das Portemonnaie ...
9. Den Rucksack ...

Verben: *legen – liegen* und *stellen – stehen*

a Ergänze das „Denk nach".

b Arbeitet zu zweit.

Denk nach

Wohin? ⇨ ○

Ich ... die Gitarre auf den Tisch.

Ich ... die Gitarre auf den Boden.

Wo? ●

Die Gitarre liegt auf dem Tisch.

Die Gitarre steht auf dem Boden.

Das kennst du schon: *ins Kino gehen*

CD 12

a Hör zu und lies den Dialog. Wo? Wohin? Wann steht *ins* und wann steht *im*?

▷ Was machen wir heute?
▶ Sollen wir ... Kino gehen?
▷ Ach nee, ... Kino waren wir doch gestern schon, gehen wir lieber ... Schwimmbad.
▶ Okay.

b Schreib die Ausdrücke ins Heft und ergänze.

Wohin möchtest du gerne gehen?
in ... Disco, in... Kino, in ... Park,
in ... Schwimmbad, in ... Schule, an... Meer,
in ... Stadt

Wo bist du?
in ... Disco, i... Kino, i... Park,
i... Schwimmbad, in ... Schule, a... Meer
in ... Stadt

c Variiert den Dialog von 10a.

Stadt – Meer Park – Disco Schwimmbad – Stadt

Elina kommt nach Deutschland – Wie bitte?

CD 13

a Elina telefoniert vor der Abreise mit ihrer Gastfamilie. Hör Teil 1 und lies mit.

▷ Grundmann.
▶ Ja, guten Tag, ich bin Elina.
▷ Oh, Elina, schön, dass du anrufst, wir freuen uns alle schon, dass du kommst. Wie geht es dir? Ist alles in Ordnung?
▶ Wie bitte? Bitte sprechen Sie langsam, ich habe Sie nicht verstanden.
▷ Ja, natürlich. – Wie geht es dir?
▶ Danke, gut, und Ihnen?
▷ Uns geht es prima. Hat bei dir alles geklappt? Kommst du am Montag?
▶ Ja, ich komme am Montag und ich habe eine Frage: Kommen Sie zu ... äh ... zu ... ich weiß das Wort nicht, kommen Sie zu ... äh ... auf Englisch *platform*?
▷ *Platform*? Was ist das?

CD 14

b Hilf Elina und erkläre *platform* auf Deutsch. Hör dann das Gespräch zu Ende.

c Erklärt ein Wort auf Deutsch. Die anderen raten, welches Wort ihr ausgewählt habt.

Schwester – Koffer – Verspätung – Gastfamilie – Klassenarbeit – Jugendlicher – Zimmer – Bahnhof

Lernen lernen

Wörter mit Fantasie erklären

Wenn du mit Deutschen sprichst, dann kommt es oft vor, dass du ein Wort nicht weißt. Das ist nicht schlimm, denn es gibt viele Möglichkeiten: Erkläre das Wort mit anderen Wörtern, gib Beispiele und zeige mit Mimik und Gestik, was du sagen willst.

12 Tagebücher

a Pedro, Maria und Luis sind als Austauschschüler nach Deutschland gekommen. Sie haben Tagebuch geschrieben. Lies die Textteile. Was passt zusammen?

1 Heute war ein normaler Tag und ich bin zum ersten Mal in die Schule gegangen. Die ersten zwei Stunden (Deutsch) waren schrecklich. Ich habe nicht viel verstanden und konnte mit niemandem sprechen. Aber später in der Pause war es besser und ich konnte einige Schüler kennenlernen. Das Problem war, dass ich allein mit dem Bus nach Hause fahren musste.

2 Gestern sind wir zum Dreiländereck gefahren (Belgien, Deutschland und Holland). Es war wunderschön. Wir sind auf einen Fernsehturm gestiegen.

3 Die Tage werden immer dunkler und das ist so bedrückend. Alles nur grau, hässlich, nicht lebendig. Ich bin joggen gegangen und um 5 Uhr war es schon total dunkel! Von November bis Februar leben die Deutschen nur bei Dunkelheit. Ich vermisse die Sonne von Santa Cruz.

A Ich möchte so gerne für eine Woche zurückfahren, mit meiner Familie zusammen sein und in der Sonne Fußball spielen. Aber das kann ich nur träumen!

B Ich hatte keine Ahnung, wo die Haltestelle war und musste jemanden fragen. Ich war total nervös und hatte Angst, dass ich im falschen Bus war. Alle haben mich komisch angesehen. Aber es war der richtige Bus!

C Es war komisch, weil man gleichzeitig in drei Ländern war. Am letzten Wochenende waren wir Ski fahren in der Skihalle mit Gerd, Robert und Alexander. Das war super. Erst habe ich viel auf dem Boden gelegen, aber dann konnte ich zusammen mit den anderen fahren.

b Welche Überschrift passt zu welchem Tagebucheintrag?

Geschafft!
Die besten Momente!
Heimweh!

c Projekt: Austausch mit Deutschland

Sammelt Ideen, Vorteile, Nachteile, Ängste, Ratschläge, Hoffnungen und Erwartungen. Sucht im Internet nach Informationen über Austauschmöglichkeiten (Stichwort: Schüleraustausch).

9 Das kannst du

Über Ängste und Sorgen sprechen und jemanden beruhigen

Hoffentlich finde ich den Weg zur Schule.
Ich habe Angst, dass ich alles falsch mache.
Was mache ich, wenn mir das Essen nicht schmeckt?

Mach dir keine Sorgen.
Du schaffst das schon.
Da kann ich dich trösten ...

Länder vergleichen

In Deutschland kann man anziehen, was man möchte, bei uns muss man Schuluniformen tragen.
In Deutschland gibt es viele kleine Familien, genauso wie bei uns.
Bei uns ist der Verkehr nicht so geordnet wie in Deutschland, sondern chaotisch.

Sagen, wohin man etwas tut (Zimmer)

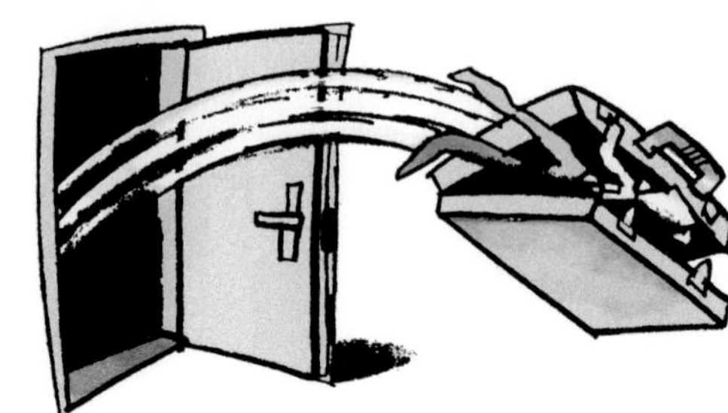

Ich stelle meinen Koffer hinter die Tür.
Ich lege meine Kleidung in den Schrank.
Ich hänge meine Poster über den Schreibtisch.

Verständigungsprobleme klären

Wie bitte?
Entschuldigung, das habe ich nicht verstanden, können Sie bitte langsam sprechen?
Wie heißt das auf Deutsch?

Außerdem kannst du ...

... ein Formular ausfüllen
... Tagebucheinträge verstehen.
... über Vor- und Nachteile von einem Schüleraustausch sprechen.

Grammatik – kurz und bündig

Konjunktion sondern

Es gibt keine Kartoffeln, sondern Reis.
Ich fahre nicht mit dem Fahrrad zur Schule, sondern mein Gastvater bringt mich mit dem Auto.

Wechselpräpositionen: Richtung + Akkusativ

Wohin? ⇨ ○ *in – an – auf – über – unter – vor – hinter – zwischen – neben* **+ *Akkusativ***

Wohin kommt der Koffer?	*Unter das Bett.*	*das Bett*
Wohin soll ich das Poster hängen?	*Über den Schreibtisch.*	*der Schreibtisch*
Wohin gehst du heute Abend?	*Ins Kino, kommst du mit?*	*das Kino*
Wohin fahrt ihr in den Sommerferien?	*Wir fahren wieder ans Meer.*	*das Meer*

an + das = ans   *in + das = ins*

Stellen und legen – stehen und liegen

Wohin? ⇨ ○	***Wo?*** ●
Ich lege die Gitarre auf den Tisch.	*Die Gitarre liegt auf dem Tisch.*
Ich stelle die Gitarre auf den Boden.	*Die Gitarre steht auf dem Boden.*

Unsere Feste

10

1 Weißt du, was der Cannstatter Wasen ist?

Kannst du mir sagen, wann dein Bruder heiratet? 2

3 Schau doch mal im Kalender, wann dieses Jahr Rosenmontag ist.

Wer weiß, wann dieses Jahr unser Schulfest ist? 4

Das lernst du

- *Höflich fragen*
- *Zustimmen und widersprechen*
- *Gemeinsame Aktivitäten planen*
- *Texte über Feste verstehen und schreiben*

Feste und Töne

CD 15 **a Sieh dir die Bilder auf S. 21 an und hör zu. Was passt zusammen?**

b Ordne die Fragen den Bildern zu.

CD 16 **c Hör die Antworten und ordne sie den Fragen auf Seite 21 zu.**

2 Der Cannstatter Wasen

a Lies den Text und beantworte die Fragen 1–5.

Stuttgart, 27. September

Hi, Toby,
wir sind in Stuttgart. Hier ist gerade Volksfest, der Cannstatter Wasen. Supertoll! Schade, dass du nicht da bist. Der Wasen ist fast so groß wie das Oktoberfest in München. Letztes Jahr waren fast 5 Millionen Leute hier. Die Achterbahn ist Wahnsinn und erst der Free-Fall-Tower! Ich trinke ja keinen Alkohol, aber die Leute hier trinken umso mehr. Und das ist teuer: 7 Euro 50 pro Liter Bier! 6 Euro zahlt man für Mineralwasser. Ich weiß nicht, wie die Leute das zahlen. Das Wetter ist super, es ist warm und sonnig. Bei unserem nächsten Deutschlandbesuch gehen wir zum Oktoberfest und dann musst du mitkommen!
Bis bald

Sylvia und Pavel

Toby Carpenter

1. Wie viele Leute kommen zum Cannstatter Wasen?
2. Was trinken die Leute am meisten?
3. Wann ist der Cannstatter Wasen?
4. Wie war das Wetter bei Sylvias Besuch?
5. Wo findet das größte Volksfest statt?

b Höflich fragen – Lies das „Denk nach" und ergänze.

Denk nach

A	*Wo sind Sylvia und Pavel zurzeit?*
B	*Weißt du, wo Sylvia und Pavel zurzeit sind?*
A	*Was ist der Cannstatter Wasen?*
B	*Kannst du mir sagen, w...?*

c Schreib die Fragen 1–5 aus 2a so wie im „Denk nach" (B). Benutze die Satzanfänge 1–3.

1. Kannst du mir sagen, w... ? 2. Weißt du, w... ? 3. Wer weiß, w...?

Blogs und Fragen

a Ergänze die Fragewörter: *wer, wie, was, wann, wie viel, wie viele, wie lange.*

Die Hochzeit	Das Schulfest	Der Karnevalszug in Köln
... war bei der Hochzeit?	... findet das Schulfest statt?	... ist der Karnelvalszug?
... hat nicht gern getanzt?	Bis ... ... geht das Schulfest?	... ... Musiker gibt es?
... ist das Fest gegangen?	... präsentieren die Schüler?	... ist das Beste?
... hat das Brautpaar bekommen?	... macht beim Schulfest Musik?	... Süßigkeiten gibt es?

b Wählt zu dritt einen Text, lest ihn und beantwortet die Fragen.

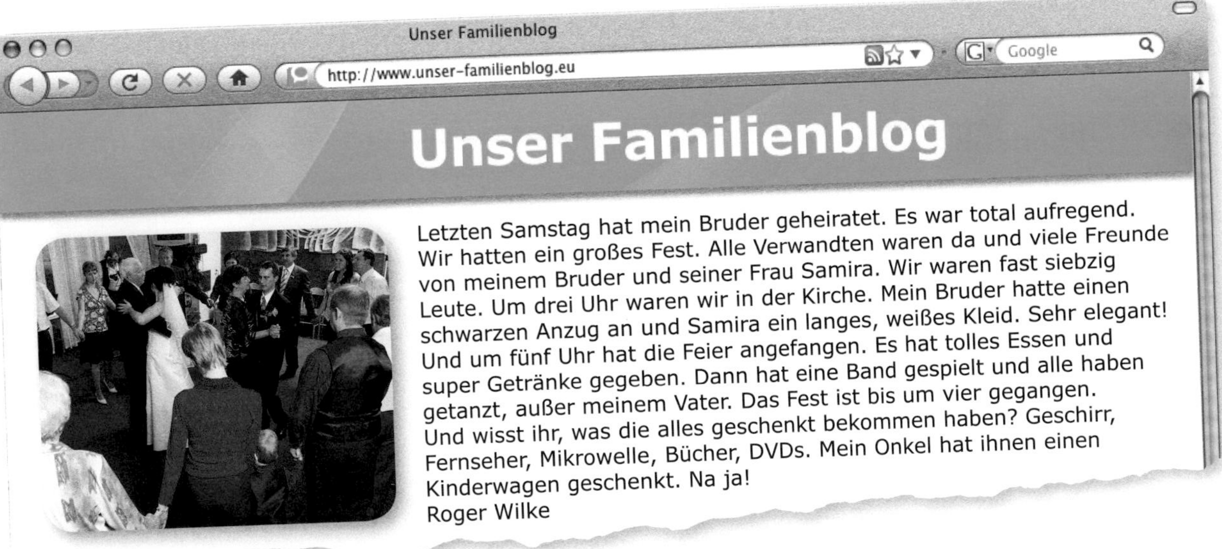

Letzten Samstag hat mein Bruder geheiratet. Es war total aufregend. Wir hatten ein großes Fest. Alle Verwandten waren da und viele Freunde von meinem Bruder und seiner Frau Samira. Wir waren fast siebzig Leute. Um drei Uhr waren wir in der Kirche. Mein Bruder hatte einen schwarzen Anzug an und Samira ein langes, weißes Kleid. Sehr elegant! Und um fünf Uhr hat die Feier angefangen. Es hat tolles Essen und super Getränke gegeben. Dann hat eine Band gespielt und alle haben getanzt, außer meinem Vater. Das Fest ist bis um vier gegangen. Und wisst ihr, was die alles geschenkt bekommen haben? Geschirr, Fernseher, Mikrowelle, Bücher, DVDs. Mein Onkel hat ihnen einen Kinderwagen geschenkt. Na ja!
Roger Wilke

Das **Schulfest** in Ladenburg ist klasse. Es findet kurz vor den Sommerferien statt. Es fängt um zwei Uhr nachmittags an und geht bis 12 Uhr nachts. Vorher sind immer die Projekttage und beim Schulfest präsentieren die Schüler und Schülerinnen ihre Projekte. Die Eltern machen Salate und backen Kuchen und die werden auf dem Fest verkauft. Die Schule hat eine tolle Band: die Schüler-Lehrer-Band. Und die spielen ganz unterschiedliche Musik. Mal Rock für die Eltern und dann Sachen für Jugendliche. Man sieht sogar Lehrer tanzen. Das ist lustig. Manche sind echt gut.
Silvio Santos, zurzeit am Carl-Benz-Gymnasium, Ladenburg, Deutschland

Der **Karnevalszug in Köln** – Es gibt einen großen Karnevalszug wie in Rio, aber er ist ganz anders. Er findet immer am Rosenmontag statt. Nicht am Samstag und Sonntag wie bei uns. Die Musik ist anders und die Karnevalswagen auch. Es gibt auch viel Musik (circa 4000 Musiker). Die Leute sind sehr fröhlich und tanzen zur Musik. Die meisten sind verkleidet. Aber das Beste sind die Süßigkeiten. Von den Karnevalswagen wirft man Süßigkeiten in die Zuschauer. 150 Tonnen! Davon 7 000 Tafeln Schokolade.
Silvio Santos, zurzeit Köln, Deutschland

**c Macht die Fragen von 3a höflicher.
Ihr könnt auch noch mehr Fragen schreiben.**

Wer weiß, wann das Schulfest stattfindet?

Denk nach

wissen	
ich/er/es/sie/man	*weiß*
du	*weißt*
wir/sie/Sie	*wissen*
ihr	*wisst*

d Tauscht die Zettel und fragt in der Klasse.

Wer weiß, wann das Schulfest in Ladenburg ist?

Kurz vor den ...

Wisst ihr ...?

Wissen Sie ...?

4 Phonetik

CD 17

Hör zu und sprich nach.

Weißt du oder beißt du?
Wir trinken kein Bier.
Was ist das Beste?
Die Achterbahn ist Wahnsinn.

5 Das stimmt – das stimmt nicht

CD 18

a Hör die Aussagen und ordne dann 1–4 und a–d zu.

1. ▶ Zur Hochzeit lädt man in den deutschsprachigen Ländern alle Verwandten und Freunde ein. Meistens sind es mehr als 200 Personen.
2. ▶ Der Geburtstag ist sehr wichtig. Besonders den 16., 18. und die runden Geburtstage feiern viele groß.
3. ▶ Alle Deutschen lieben den Karneval.
4. ▶ Ich finde, dass Weihnachten ein sehr schönes Fest ist.

a) ▶ Einverstanden, aber ich finde Ostern auch schön. Ich suche gerne Ostereier.
b) ▶ Das stimmt so nicht. Die Feiern sind meistens viel kleiner als in anderen Ländern.
c) ▶ Ich denke, das ist richtig. Aber ist das nicht überall so?
d) ▶ Nein, das stimmt so nicht. Viele lieben Karneval, aber genauso viele hassen ihn.

**b Schreib vier Aussagen über Feste bei euch.
Zwei „richtige" und zwei „falsche". Lest vor und reagiert auf die Aussagen wie in a.**

Einverstanden …	
Das stimmt.	Das stimmt (so) nicht.
Das ist richtig.	Das ist falsch.
Ich denke, das ist richtig.	Unsinn! …

**c Sucht euch neue Themen aus (Schule, Freizeitangebot am Ort …)
und arbeitet noch einmal wie in 5b.**

Unsere Schule ist langweilig.

Das stimmt nicht, wir haben doch viele AGs.

CD 19

Sprechen üben: widersprechen

a Hör zu und entscheide. Wie widersprechen sie, energisch oder vorsichtig?

1. Das stimmt so nicht, es gibt …
2. Ich bin nicht einverstanden. Natürlich gibt es …
3. Ich denke, das ist nicht richtig.
4. Einverstanden.

b Sprich die Sätze einmal energisch und einmal vorsichtig.

Über Feste berichten

a Lies die E-Mail einer Brieffreundin vom Colegio Aleman in Santa Cruz, Bolivien.

Hallo!
Du hast mich gefragt, was bei uns das wichtigste Fest ist? Keine Frage, der Karneval. Bei uns ist der Karneval ja im Sommer und es ist sehr, sehr heiß, zwischen 30 und 40 °C sind normal.
Unsere Schulferien gehen bis Ende Januar und kurz danach ist dann das Karnevalswochenende. Am Samstag gibt es den großen Karnevalszug. Er ist fast so schön wie der in Rio de Janeiro. Na ja, etwas kleiner ist er schon.
Und dann gibt es überall Feste und Partys und Musik auf der Straße. Man darf in diesen Tagen keine guten Kleider anziehen, denn es ist eine Tradition, dass man mit Wasser und zuletzt sogar mit Farbe wirft. Alle sehen dann ganz bunt aus, auch die Häuser in der Altstadt und die Autos. Schreib mir doch, was bei dir das wichtigste Fest ist. Hast du auch Fotos?
Liebe Grüße
Sara

JPEG
karneval.jpg

b Beantworte die E-Mail und berichte über ein Fest aus deiner Stadt / deinem Land.

Schreib – wann das Fest ist, wie lange es dauert, was es zu essen/trinken gibt, was die Leute machen, wie es dir gefällt.

Lernen lernen

1. Text planen: Notiere Stichwörter.
2. Text planen: Ordne deine Stichwörter.
3. Text schreiben.
4. Text korrigieren: Lies deinen Text vier Mal.

a) Hast du alle Fragen beantwortet?
b) Stehen die Verben richtig?
c) Groß- und Kleinschreibung?
d) Sonstige Rechschreibung: (i/ie – e/ee/eh – s/ss/ß – m/mm – n/nn …)

8

Projekt: Feste in Deutschland, Österreich und der Schweiz oder bei euch

a Arbeitet in Gruppen. Sucht euch ein Fest aus:

Hafengeburtstag Hamburg, Baseler Fastnacht, Seefest Konstanz …

b Sammelt Informationen (Texte, Bilder …). Stellt euer Fest der Klasse vor:

Wo? Wann? Was? Wie lange? …

Basler Fastnacht

Land und Leute

In Deutschland gibt es sehr viele Feiertage. Bayern hat die meisten: 13. Im Norden von Deutschland sind es viel weniger. In Hamburg gibt es z.B. nur etwa neun Feiertage pro Jahr. In mehrheitlich protestantischen Regionen gibt es weniger Feiertage als in katholischen. Deshalb gibt es in Österreich fast so viele Feiertage wie in Bayern, aber in der Schweiz viel weniger.

Seefest Konstanz

Hafengeburtstag

9

Lesestrategie: selektives Lesen

Lies 1–8 und dann die Anzeigen auf Seite 27. Welche Anzeigen passen zu 1–8?

1. Motorrad-Shows finde ich super.
2. Ich liebe Märkte.
3. Hier soll es doch ein altes Volksfest geben. Weißt du, wo das ist?
4. Ich mag alte Musik.
5. Ich finde Politik interressant und diskutiere gern.
6. Ich hab am 23. Mai noch nichts vor. Weißt du, wo etwas los ist?
7. Ich möchte mal wieder in eine Open-Air-Disco.
8. Ich möchte Ende Mai eine Fahrradtour machen, vielleicht mit anderen zusammen.

interaktiv Portal für Rhein-Main

http://www.rhein-main.de/2009/feste_region.html

Feste in der Region Rhein-Main am Wochenende

Aktueller Festetipp

Mittelalterspectaculum • Oppenheim • 23.–24. Mai
Zur Feier des 1000-jährigen Marktrechts findet in Oppenheim einer der schönsten mittelalterlichen Märkte statt. Mit einem Kulturprogramm und Live-Musik bis spät in die Nacht.
www.phantasia-historica.de

Mainfest • 24. Mai
Am Fluss warten über 70 Schausteller mit modernen Attraktionen (Riesenrad, Free-Fall-Tower ...) auf die Gäste. Ein spannendes Programm mit Musik für Jung und Alt, Laufwettbewerb am Mainufer und Fahrradtouren ergänzen das Fest am Fluss.

Quellenfest • Bad Vilbel • 25. Mai
Frühlings- und Straßenfest mit verkaufsoffenem Sonntag. Großes Rahmenprogramm mit „Krönung der Quellenkönigin" und Live-Musik.
www.bad-vilbel.de

Open-Ohr-Festival • Mainz • Musik, Theater, Diskussion • 23.–24. Mai • Das Jugendkulturfestival bietet 5000–7000 jugendlichen Besuchern die Gelegenheit, intensiv aktuelle politische Themen zu diskutieren.
www.openohr.de

Magic Bike • Rüdesheim • 23.–25. Mai
Internationales Motorradtreffen für „Harley-Davidson and other fine bikes". Live-Musik, Motorrad-Parade, Motorrad-Stunt-Show, US-Car-Show und Feuerwerk.

Folklore- und Altstadtfest • Büdingen 24.–25. Mai
Mit Open-Air-Konzert in der historischen Altstadt.
Eintritt frei.

Alteburger Markt • Idstein • 24. Mai
Traditioneller Markt (16. Jahrhundert) im alten Römerkastell. Bis zum späten Abend feiern Jung und Alt bei Bratwurst, Bier, Wein und guter Laune.

10. Schlossfest • Darmstadt • 24. Mai
Musik auf vier Live-Bühnen + Disco-Area – rund 80 Bands spielen Musik von Rock bis Rap.

Hotovo

CD 20

Verabredungen

a Du hörst zwei Dialoge. Wohin gehen die Jugendlichen? Wann?

b Schreibt und spielt eigene Dialoge.

Was wollen wir am Wochenende machen?
Wann willst du gehen?
Warum gehen wir nicht zum/zur ...?
Warum kommst du nicht mit?
Wie lange hast du Zeit?
Wollen wir nach ... zum/zur ...?
Was gibt es da?

Ich will zum Altstadtfest nach ... gehen.
Einverstanden.
Ich habe keine Lust.
Weil ich keine Lust habe.
Ich hasse/liebe ...
Nein, da komme ich nicht mit.
Dann gehen wir lieber ...

Das kannst du

Höflich fragen

Kannst du mir sagen, wann dieses Jahr Ostern ist?
Weißt du, wann wir die Zeugnisse bekommen?
Wer weiß, wie man in Deutschland Hochzeit feiert?

Zustimmen und widersprechen

Ich finde, dass Weihnachten ein sehr schönes Fest ist.	Einverstanden. Ich auch. Das ist richtig. Ich denke, das ist nicht richtig.
Die Schweizer feiern Geburtstag immer mit 200 Gästen.	Das stimmt (so) nicht. Das ist falsch.

Gemeinsame Aktivitäten planen

Was wollen wir am Wochenende machen?	Ich will zum/zur ... nach ... gehen.
Wann willst du gehen?	Einverstanden.
Warum gehen wir nicht zum/zur ...?	Ich habe keine Lust.
Warum kommst du nicht mit?	Weil ich keine Lust habe.
Wie lange hast du Zeit?	Ich hasse/liebe ...
Wollen wir nach ... zum/zur ...?	Nein, da komme ich nicht mit.
Was gibt es da?	Dann gehen wir lieber ...

Außerdem kannst du ...

... Blogs über Feste in den deutschsprachigen Ländern verstehen.
... eine E-Mail über Feste in deinem Land schreiben.
... Informationen in einem Veranstaltungskalender finden.

Grammatik kurz und bündig

Indirekte W-Fragen

W-Frage	*Indirekte W-Frage*
Wo sind Sylvia und Pavel zurzeit?	*Weißt du, wo Sylvia und Pavel zurzeit sind?*
Was ist der Cannstatter Wasen?	*Kannst du mir sagen, was Cannstatter Wasen ist?*
Wann fängt das Fest an?	*Hast du gehört, wann das Fest anfängt?*
Wer kommt am Samstag zum Konzert mit?	*Weißt du, wer am Samstag zum Konzert mitkommt?*

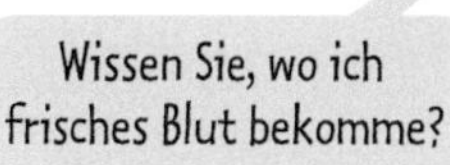

Sprechen und spielen: Wo sind die Sachen?

a Zuerst ordnet jeder auf einem Zettel den Bildnummern 1–10 einen Gegenstand aus der Liste zu. Vorsicht: Dein Partner / Deine Partnerin darf deinen Zettel nicht sehen!

b Fragt euch jetzt gegenseitig. Wer findet die zehn Gegenstände zuerst?

▶ Hast du die Zeitschriften auf den Tisch gelegt?
▶ Nein. Hast du die Jacke in den Schrank gehängt?
▶ Ja.
▶ Treffer! Und hast du …?

Sprechen: Wer ist so wie du?

a Beantworte 1–8 für dich und finde dann heraus, wer in der Klasse …

1. … so viele Geschwister hat wie du.
2. … die gleichen Hobbys hat wie du.
3. … gern klassische Musik hört.
4. … die gleichen Lieblingsfächer hat wie du.
5. … drei Wörter auf Italienisch kann.
6. … die gleiche Lieblingsfarbe hat wie du.
7. … eine Oma mit über 75 Jahren hat.
8. … ein Gedicht kann.

1. ein Bruder / eine Schwester
2. Musik, Basketball, Kino
3. Nein!

Hast du auch einen Bruder und eine Schwester?

Magst du auch …

b Berichtet in der Klasse.

Markus hat einen Bruder und eine Schwester, wie ich. Wir hören beide gern Musik, spielen Basketball und gehen gerne ins Kino. Nadja hört gern klassische Musik. Ich nicht …

PRÜFUNG: FIT IN DEUTSCH 2

Wie sieht die Prüfung aus?

CD 21

Chris spricht mit seiner Mutter über die Prüfung. Hör zweimal zu und ergänze bei 1–8 das richtige Wort.

Antwortbogen · Bleistift · Dialog · Brief · Sprechen · Anzeigen · Kuli · Text

1. Die Prüfung besteht aus: Hören, Lesen, Schreiben und ❶.
2. Beim Hören gibt es drei Radiomeldungen und einen ❷.
3. Man liest zwei ❸, zwei Briefe und einen ❹.
4. Zum Schluss schreibt man die Antworten in einen ❺.
5. Mit ❻ schreiben ist nicht erlaubt. Man muss mit ❼ schreiben.
6. Man schreibt einen ❽ als Antwort auf eine Anzeige.

Projekt – Lerntipps zur Prüfungsvorbereitung

Ihr kennt viele Lerntipps. Sammelt in der Klasse und macht ein Plakat.

Wie lerne ich richtig?
1. Rechtzeitig anfangen.
2. Die Vorbereitung planen.
3. Einen Zeitplan machen.
4. …

Wie kann ich wiederholen?
1. Aufgaben im Arbeitsbuch noch einmal machen.
2. Aufgaben selbst machen und mit anderen tauschen.
3. …

Was muss ich bei der Prüfung beachten?
1. Die Aufgaben genau lesen.
2. Alle Aufgaben bearbeiten
3. …

Die mündliche Prüfung trainieren

In der mündlichen Prüfung sitzen oft zwei Schüler/innen zusammen. Sie dauert ca. 15 Minuten. Die Prüfung hat drei Teile.

Teil A – Sich vorstellen

Ihr müsst euch mit 6–10 Sätzen vorstellen. Diese Fragen helfen:

Wie alt bist du?
Wo wohnst du?
Wie ist deine Telefonnummer?
Was kannst du über deine Familie und deine Freunde sagen?
Was kannst du über die Schule sagen?
Hast du Haustiere?
Welche Hobbys hast du?

Teil B – Fragen und antworten

**In der Prüfung bekommt ihr ein Thema, z. B.: Haustiere, Familie, Sport, Austausch …
Jeder von euch zieht vier Karten mit Fragewörtern und fragt damit den Partner / die Partnerin.**

Vorbereitung: **Schreibt zehn Fragekarten und zehn Themenkarten wie im Beispiel.**

Thema SPORT

Thema FESTE

Wann?

Mit wem?

- **Arbeitet zu viert. Zwei sind die Prüfer/innen, zwei die Schüler/innen.**
- **Die Prüfer geben das Thema.**
- **Die Schüler ziehen je vier Karten, fragen und antworten.**

TIPP Wenn du deinen Partner / deine Partnerin nicht verstehst, kannst du nachfragen:

Kannst du das bitte wiederholen?

Kannst du bitte ein bisschen lauter/langsamer/deutlicher sprechen?

Teil C – Auf Situationen reagieren

In der Prüfung zieht ihr beide je drei Situationskarten und reagiert mit einem oder zwei Sätzen auf die jeweilige Situation. Hier könnt ihr diesen Prüfungsteil als Spiel trainieren.

Was sagt die farbig markierte Person? Arbeitet zu zweit. Jede(r) würfelt drei Situationen und sagt 1–2 Sätze zu jeder Situation.

Hey, du! Möchtest du mitspielen?

1

2

3

4

5

6

Kleine Pause

Spielen und wiederholen

Würfelspiel für 2–4 Personen. Würfle und löse die Aufgabe auf dem Feld. Richtig? O.k.! Falsch? Geh ein Feld zurück.

1
▶ Basketball 14 Uhr?
▶ ☺ Unterricht!
▶ 17 Uhr?
▶ ☺!

2
gern – lieber – ...
viel – mehr – ...
gut – besser – ...

3
Du bist echt fit! Geh 2 Felder vor!

4
▶ Warum kommst du so spät?
▶ ...

5
Erkläre ein Wort auf Deutsch, z.B. „Bruder", „Lehrer".

6
So ein Pech! Du hast deinen Fuß verletzt. Geh 2 Felder zurück!

7
Ich lege das Handy auf d.. Tisch, stelle den Rucksack auf d.. Boden, hänge die Jacke in d.. Schrank.

8
Reagiere auf den Satz: „Weihnachten ist das schönste Fest."

9
Lutz fährt nicht mit dem Bus zur Schule, ... mit dem Fahrrad.

10
Du bist in Topform! Geh 1 Feld vor!

11
Sven kann nicht mit in die Disco kommen, weil ...

12
Grippe? Du musst dich ausruhen. Bleib, wo du bist!

13
Was weißt du über Arnold Schwarzenegger? Sag 2 Sätze.

14
Leckerer, gesunder Obstsalat! Extra Vitamine bringen dich 2 Felder vor!

15
Richtig oder falsch? Das Oktoberfest in München ist das größte Volksfest in der Welt.

16
Frag höflicher.
▶ Wann ist Tinas Party?
▶ Wo ist Dirk?

17
„Schuluniform" / „Schulbus". Erkläre ein Wort auf Deutsch.

18
Arm gebrochen! Geh 2 Felder zurück!

19
Welche Vereinssportart ist in den D-A-CH-Ländern sehr beliebt?

20
▶ Wo ist meine Zeitschrift?
▶ Unter d.. Bett oder i.. Regal oder auf d.. Schreibtisch.

21
Frischer Salat? Prima! Geh 2 Felder vor!

22
Daniela hat den rechten Arm gebrochen und ...

23
Reagiere auf den Satz: „Schulpartys sind langweilig."

24
Nenne 5 Ballsportarten.

25
Schon wieder Pech! Geh ein Feld zurück!

26
Was ist der Cannstatter Wasen?

27
Deine Mannschaft hat gewonnen! Geh 2 Felder vor!

28
„Sportfanatiker"/ „Sportmuffel". Erkläre ein Wort auf Deutsch.

29
Wohin möchtest du lieber gehen:
... Schwimmbad oder
... Meer?

30
Jemand hat Angst vor dem Test. Du beruhigst ihn/sie: ...

Wollt ihr mehr spielen? Macht euch ein Spielfeld und schreibt eigene Aufgaben.

Berliner Luft 11

Das lernst du

- Eine Stadt präsentieren
- Nach dem Weg fragen / einen Weg beschreiben
- Um Hilfe bitten
- Höflich nach Informationen fragen
- Ein Freizeitprogramm planen

1 Auf Klassenfahrt

CD 22

a Hör zu. Wo sind die Schüler gerade? Welches Foto von S. 33 passt?

1. Im Parlament.
2. Vor dem Hauptbahnhof.
3. Am Brandenburger Tor.
4. Im Zoo.
5. Beim Shoppen auf dem Ku'damm.

b Was wisst ihr über Berlin? Sammelt in der Klasse.

2 Berlin

Lies den Text und ordne die Zahlen zu.

4 – 30 – 1999 – 1–2 Mio. – 3,4 Mio. – ca. 170

Land und Leute

Berlin ist die Hauptstadt der Bundesrepublik Deutschland. Die Stadt liegt im Osten von Deutschland und hat (1) Einwohner. Berlin ist eine sehr grüne Metropole. Über (2) % vom Stadtgebiet sind Parks und Wälder. Durch Berlin fließen zwei Flüsse, die Spree und die Havel. Man kann Stadtrundfahrten mit dem Schiff machen oder im Sommer gemütlich in einem von den vielen Strandcafés sitzen.

Berlin hat viele Sehenswürdigkeiten: den Reichstag, den Tiergarten, den Fernsehturm, das Sony-Center, den Checkpoint Charlie, die Museumsinsel, die Gedächtniskirche. Es gibt viele große und kleine Theater und Museen.

Berlin ist seit (3) wieder Sitz der deutschen Regierung. Das Parlament arbeitet im Reichstagsgebäude und die meisten Ministerien sind im Regierungsviertel an der Spree. Direkt neben dem Regierungsviertel steht der neue Hauptbahnhof.

Berlin ist eine multikulturelle Stadt, Menschen aus (4) verschiedenen Ländern leben dort.

Jedes Jahr im Frühsommer findet in Berlin der Karneval der Kulturen statt. Bei diesem großen Straßenfest kann man Karneval aus der ganzen Welt sehen. (5) Besucher kommen zu diesem Fest und feiern (6) Tage lang gemeinsam.

Aber auch andere Festivals finden in Berlin statt: z.B. das Filmfestival (Berlinale), das Literaturfestival, das Jazzfest, das Theatertreffen und das Tanzfest.

Schiff auf dem Wannsee

Museumsinsel von oben

Fernsehturm auf dem Alexanderplatz

Sony-Center

Ein Museumsbesuch

CD 23 **a Hör zu. Wo waren Miriam und Katharina? Was finden sie unglaublich?**

b Hör zu. Welche Sätze sind richtig? Korrigiere die falschen Sätze.

1. Es gibt heute eine Grenze durch Berlin.
2. Von 1961 bis 1989 war Berlin geteilt.
3. Alle Familien waren getrennt.
4. Es gibt noch Stücke von der Mauer.
5. Miriam möchte ein Foto vom Museum machen.

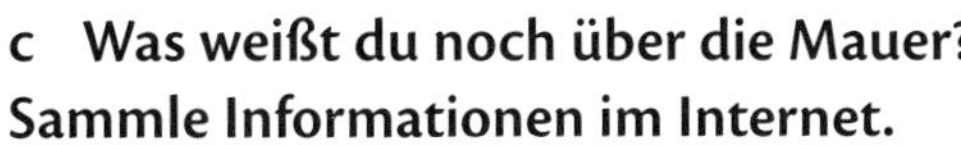

c Was weißt du noch über die Mauer? Sammle Informationen im Internet.

Berlinsongs

Es gibt über 200 Lieder über Berlin. Schon 1899 hat Paul Lincke das Lied „Das ist die Berliner Luft" geschrieben und mehr als hundert Jahre später haben „Die Prinzen" und viele andere Songs über die Hauptstadt Deutschlands gemacht. Marlene Dietrich, international berühmte Schauspielerin und Sängerin, ist in Berlin geboren und hat viele Lieder über ihre Heimatstadt gesungen.

CD 24 **a Hör zu. Was denkst du, von wem welches Lied ist?**

„Das macht die Berliner Luft" „Berlin, Berlin" „Berlin" „Sommer in Berlin"

Marlene Dietrich

Die Prinzen

20 DEUTSCHE BUNDESPOST BERLIN

Paul Lincke

b Welche Musik gefällt euch? Macht eine Umfrage in der Klasse. Jede/r darf insgesamt 10 Punkte vergeben.

Ich gebe 5 für die Prinzen. Die finde ich toll.

... finde ich langweilig.

Projekt: eine Stadt vorstellen

Macht eine Präsentation über Berlin, eure Hauptstadt oder eure Lieblingsstadt.

Was gibt es für junge Leute? – Sehenswürdigkeiten – Museen – Feste und Festivals ...

6 Unterwegs in Berlin

a Ordne die Ausdrücke 1–4 den Zeichnungen A–D zu. Ergänze das „Denk nach".

1. über den Platz
2. an der Kreuzung rechts
3. an der Ampel links
4. über die Brücke

Denk nach

Ich gehe über die Brücke
über den Platz
über ... Fluss
über ... Straße

CD 25 **b Du bist am Hauptbahnhof. Hör zu. Welcher ist der richtige Weg, A oder B?**

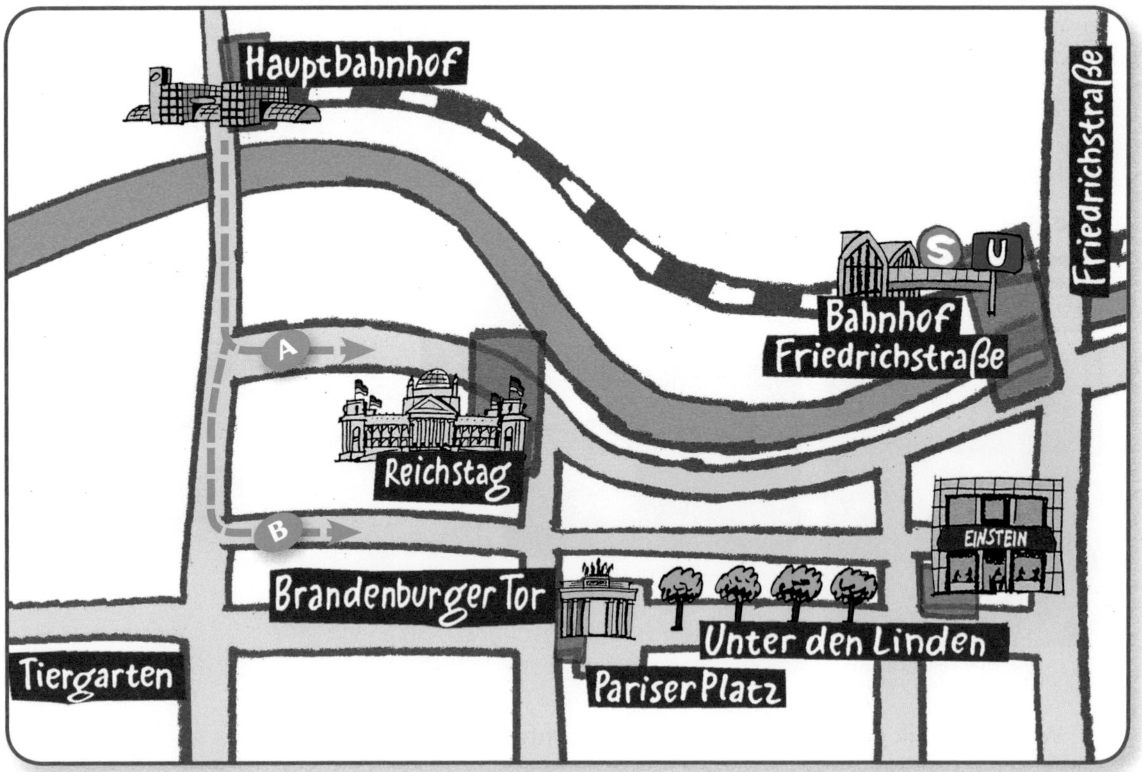

7 Sprechen üben: Wiederholen

CD 26 **a Hör zu und wiederhole.**

▶ Dann gehen Sie über den Fluss.
▶ Über den Fluss ...
▶ Dann an der nächsten Kreuzung rechts ...
▶ ... und an der ...

b Wiederhole noch einmal die ganze Wegbeschreibung.

8 Wegbeschreibung: U-Bahn, Bus ...

CD 27

Du bist in der Friedrichstraße. Lies und ergänze die Wegbeschreibung. Hör zur Kontrolle.

▶ Entschuldigung, können Sie mir sagen, wie ich zum Schloss Charlottenburg komme?

▶ Das ist weit, da müssen Sie die U-Bahn nehmen. Da drüben ist eine Station, nehmen Sie die U6 Richtung ①, fahren Sie 3 Stationen bis Stadtmitte, dann steigen Sie um in die ② Richtung ③, dann sind es noch 13 Stationen, die Station heißt, glaube ich, ④.

▶ Danke.

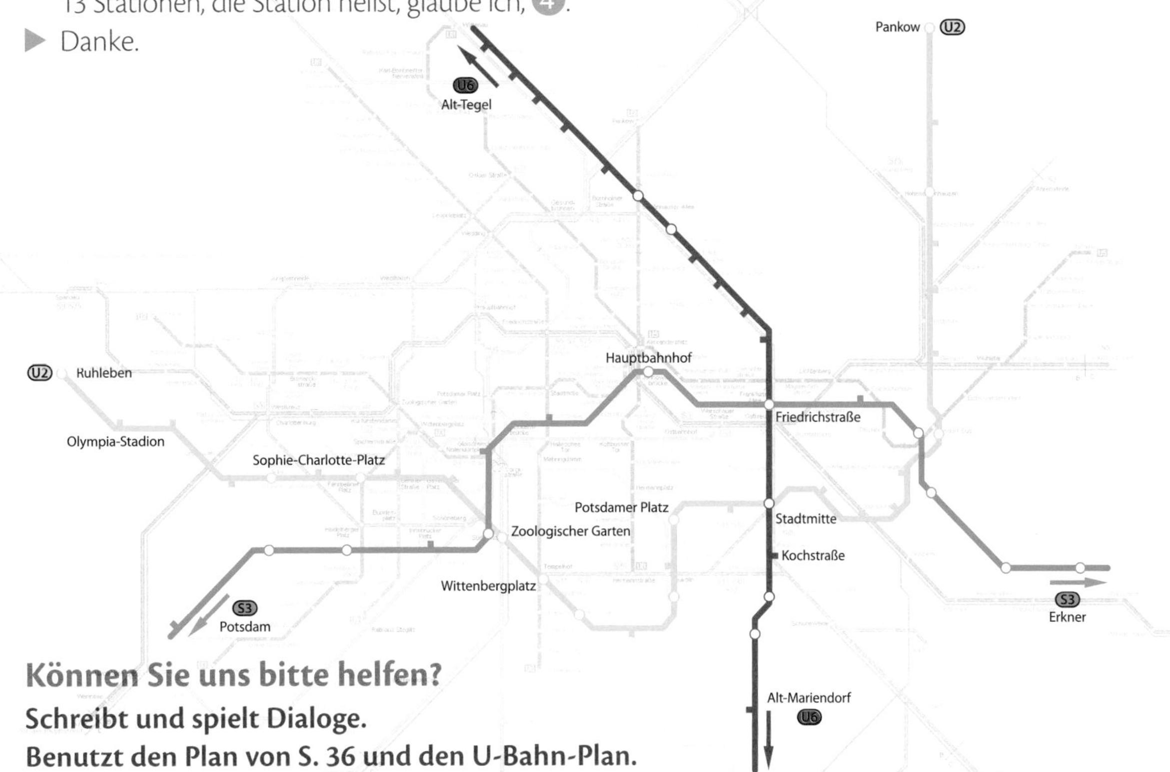

9 Können Sie uns bitte helfen?

Schreibt und spielt Dialoge.
Benutzt den Plan von S. 36 und den U-Bahn-Plan.

Ihr wollt

1. ... vom Reichstag zum Café Einstein.
2. ... vom Brandenburger Tor zur U-Bahn-Station Friedrichstraße.
3. ... vom Hauptbahnhof zum Mauermuseum (U-Bahn-Station Kochstraße).
4. ... vom Bahnhof Friedrichstraße zum Kaufhaus des Westens (U-Bahn-Station Wittenbergplatz).
5. ... vom Bahnhof Friedrichstraße zum Olympia-Stadion.

Können Sie uns bitte helfen? Wir suchen ...
Entschuldigung, können Sie uns sagen, wo ... ist?
Entschuldigung, können Sie mir sagen, wie ich zu ... komme?
Können Sie mir bitte sagen, wo ich eine Fahrkarte kaufen kann?

Geht hier links/rechts/geradeaus ...
An der zweiten Kreuzung müssen Sie ...
An der nächsten Ampel
Da vorne gleich um die Ecke, dann links.
Da drüben ist ...
Nehmen Sie die Straßenbahn / die U-Bahn / den Bus in Richtung ...
Tut mir leid, ich bin auch nicht von hier / ich bin auch fremd hier.

10 Phonetik: *ä, ö, ü*

CD 28

Hör zu und sprich nach.

▶ Können Sie mir helfen? Ich suche die U-Bahn.

▶ Die nächste Station ist da drüben, über die Brücke und dann links.

Das Berlinprogramm

BERLIN AKTUELL

Über acht Millionen Menschen haben das Stück mit Gänsehautgarantie bis heute gesehen und **ELISABETH** zum erfolgreichsten deutschsprachigen Musical gemacht. Jetzt ist es im Berliner Theater des Westens endlich in der Originalbesetzung mit Pia Douwes und Uwe Kröger in den Hauptrollen zu sehen!

Olympiastadion
Individuelle Besichtigungen, geführte Besichtigungen, die Hertha-BSC-Tour-Infohotline: 030 / 25 00 23 22
Das Topspiel der Saison für alle Fußballfans: Hertha BSC Berlin – Bayern München am 3. September im Olympiastadion.
Tickets: www.Hertha-BSC.de

Mehr als 40.000 Kunden kommen an einem normalen Wochentag ins KaDeWe, in das **Kaufhaus des Westens**, vor Weihnachten sogar bis zu 100.000 Menschen. Das KaDeWe ist das größte Kaufhaus Deutschlands und das zweitgrößte Kaufhaus Europas. Hier bekommt man mehr als 400.000 verschiedene Dinge, schicke Kleider und Schmuck von allen großen Marken, besondere Delikatessen und viele andere Luxusartikel.

77 Teilnehmer zeigen ihre Ideen & Produkte in puncto Mode – Fotografie – Design – Schmuck und Kunst. Es gibt Modenschauen von Berliner Designern, Live-Musik sowie lokale kulinarische Spezialitäten.
Ort: Lido, Cuvrystraße 7, Berlin-Kreuzberg

Am 4. September von 13 bis 20 Uhr erwarten wir Sie auf der

Lido kreativmesse

Die **Internationale Funkausstellung IFA** öffnet Anfang September wieder ihre Türen für Fachleute und das interessierte Publikum. Die weltweit größte Messe für Consumer Electronics bietet mit über 1.000 Ausstellern nicht nur viele Services für das angereiste Fachpublikum, sondern organisiert zudem zahlreiche Programmangebote und Events für den Elektronik-Endverbraucher.

a Die Klasse hat heute Nachmittag und Abend frei. Lest die Anzeigen und 1–4. Sucht ein Programm für Peter, Lucia, Saskia, Alexander und Miriam.

1. Peter mag gerne Mode und Schmuck. Er möchte etwas für seine Freundin kaufen.
2. Lucia spielt schon fünf Jahre Fußball im Verein. Anne ist ihre Freundin, sie ist nicht so sportlich, sie geht gern einkaufen.
3. Alexander mag Technik und hat immer das neueste Handy.
4. Miriam und Saskia wollen in Berlin Spaß haben. Sie mögen Musik und tanzen gerne.

b Und ihr? Wohin möchtet ihr gerne gehen? Diskutiert und begründet.

Ich möchte gerne zum/zur ..., weil ...

Ach nein, ich habe keine Lust. Ich möchte lieber ...

Na gut, wir können ja erst ... und dann ...

Im Kartenshop

a Formuliere höfliche, indirekte Fragen und suche die passende Antwort.

... zum Theater des Westens?
... Karten abholen?
Wann?
Wo?
Kosten?

Eine halbe Stunde vor Vorstellungsbeginn.
Im Zentrum am Bahnhof Zoo, U-Bahn-Linie 2.
30–80 .
An der Abendkasse.

b Spielt das Gespräch an der Kasse.

▶ Guten Tag.
▶ Guten Tag, ich hätte gern drei Karten für das Musical „Elisabeth".
▶ Ich habe noch Karten für 30 € und für 70 €.
▶ Dann nehmen wir drei für 30 €.
▶ Bitte schön, das macht zusammen 90 €.
▶ Danke schön und können Sie mir noch sagen, wo das Theater des Westens ist?
▶ U2 oder U9, Haltestelle „Zoologischer Garten".
▶ Danke schön.
▶ Gerne.

Höfliche Form
Ich hätte gern drei Karten für das Musical „Elisabeth". = Ich möchte bitte drei Karten haben.

c Spielt weitere Gespräche.

Das kannst du

Eine Stadt präsentieren

Berlin ist die Hauptstadt von Deutschland. Berlin liegt im Osten von Deutschland.
Durch Berlin fließen zwei Flüsse. In Berlin gibt es viele Museen und Theater.
Einmal im Jahr findet hier die Funkmesse statt.

Nach dem Weg fragen / einen Weg beschreiben

▷ Entschuldigung, wie komme ich zum Brandenburger Tor?

▶ Entschuldigung, können Sie mir helfen? Ich möchte zum Schloss Charlottenburg.
▷ Gehen Sie über die Brücke, an der nächsten Ampel links und dann immer geradeaus, dann sehen Sie …

▷ Das ist weit. Da müssen Sie mit der U-Bahn fahren. Da drüben ist eine U-Bahn-Station. Nehmen Sie die U3 Richtung … und dann fahren Sie drei Stationen.

Um Hilfe bitten / höflich nach Informationen fragen

Entschuldigung, können Sie mir (bitte) helfen?
Entschuldigung, könnten Sie mir sagen, wo die nächste U-Bahn-Station ist?

Ich hätte gern / Wir hätten gern drei Karten für das Musical „Elisabeth". Was kosten die?
Gibt es eine Ermäßigung für Schüler?

Ein Freizeitprogramm planen

Ich möchte gerne zum/zur …, weil …
Ach nein, ich möchte lieber …
Na gut, wir können ja erst … und dann …

Grammatik kurz und bündig

Lokale Präpositionen (Zusammenfassung)

Wo? ● Wechselpräpositionen mit Dativ

Ich bin … *im Kino / in der Stadt / im Zentrum / auf der Straße*
Ich wohne … *an der Kreuzung / am Meer / vor/hinter dem Bahnhof*
Ich bleibe … *neben der Post / unter der Brücke*
in Berlin / in Deutschland / in den USA
bei Freunden

Wohin? ⇨ ○ Wechselpräpositionen mit Akkusativ

Ich gehe … *ins Kino / in die Stadt / ins Zentrum / auf die Straße*
Ich fahre … *an die Kreuzung / ans Meer / vor/hinter den Bahnhof*
Ich fliege … *neben die Post / über die Brücke*

! Immer Dativ: *Ich gehe … nach Berlin / nach Deutschland / zum Bahnhof / zur U-Bahn / zu den Freunden*

Welt und Umwelt 12

Aber Großstädte sind doch ...

In der Wüste leben – das ist spannend.

Das lernst du

- Sagen, wo man gerne leben möchte
- Über Konsequenzen sprechen
- Das Wetter beschreiben
- Tipps zum Umweltschutz formulieren

Bloß nicht, das ist furchtbar langweilig.

Ich liebe Großstädte. Da ist immer etwas los.

In der Antarktis ist es bestimmt toll. Der blaue Himmel, die Pinguine.

C

Ich glaube, das ist toll, wenn man immer das Meer hört.

Ich liebe die Berge. Ich mag die Natur und die Ruhe. Ich klettere auch gern.

D

E

F

Aber da ist es doch so heiß und trocken.

H

Aber die Kälte! Und im Winter ist es lange dunkel.

Ich möchte einmal in einem Dorf am Meer leben. Da ist es ruhig und die Luft sauber.

Orte und Landschaften

a Sieh dir die Bilder an. Was denkst du: Wohin passt welches Bild?

Bild A passt nach Europa, vielleicht nach Deutschland.

Ich glaube, dass Bild B ...

b Welche Wörter fallen euch zu den Bildern ein? Wählt in Gruppen ein Bild aus und sammelt Wörter, Ausdrücke und Sätze dazu. Vergleicht in der Klasse.

gefährlich/ungefährlich
kühl/warm – kalt/heiß
ruhig/aufregend
anstrengend/stressfrei
interessant/langweilig
...

der Wald / der Urwald
die Wüste
die Berge
das Meer

der Wind / der Orkan
der Schnee / der Regen
die Trockenheit

Bild A: ruhig, schön – Im Winter ist es oft kalt.

Wo und wie möchtet ihr mal leben?

CD 29

a Samira und Oskar sprechen über die Bilder: Wo sie mal leben wollen und warum. Hör zu und ergänze dann die Sätze.

1. Sie findet auch das Leben in einer ... interessant, weil ...
2. Sie möchte nicht gerne in ... leben, weil ...
3. Oskar möchte als Student ein paar Jahre nach ... in den ...
4. Er meint, dass das Leben in der ... vielleicht auch spannend sein kann, weil ...
5. Er möchte nicht gerne in einer ... leben, weil ...

Samira will mal ein paar Jahre in der Wüste leben, weil sie die Wüste spannend findet.

b Vorteile und Nachteile. Sammelt an der Tafel.

	in der Stadt	auf dem Dorf	am Meer	in den Bergen	in der Wüste
Vorteile	Discos				
Nachteile	laut				

CD 30

c Hört den Modelldialog und sprecht in der Klasse.

▶ Ich möchte mal eine Zeitlang in den Bergen leben.
▷ Warum?
▶ Weil ich die Natur dort sehr mag und gern wandere.
▶ Wie langweilig! Ich will lieber in der Stadt leben.
▷ Warum?
▶ Ich liebe Städte. Ich gehe gern ins Kino und ...
▶ Wirklich? Ich finde Großstädte furchtbar, laut, schmutzig ... Ich möchte gern ...
▷ ...

3 Das Wetter

a Es ist Januar – In welcher Stadt kann wer was sagen?

Es ist heiß.
Es ist warm.
Es ist kühl.
Es ist kalt.
Es ist trocken.

Es regnet.
Es schneit.
Es ist windig.
Die Sonne scheint.

So ein Mistwetter!
Eine Affenhitze heute!
Was für ein furchtbares Wetter!
Herrliches Wetter heute!
So ein Sauwetter!
Das Wetter ist ganz o.k.

> Moskau – Es ist trocken. Es ist sehr kalt! Minus 11 Grad Celsius! Das Wetter ist ganz o.k.

Wetter und Temperaturen am Freitag, den 1. Januar, 11 Uhr UTC

Moskau, bewölkt, –11 °C
Athen, sonnig, 14 °C
Kairo, bewölkt, 15 °C
Berlin, starker Wind, 2 °C
Rio de Janeiro, Regen, 30 °C
Sydney, sonnig, 38 °C
Bern, bewölkt, 1 °C
Tokio, starker Regen, 1 °C
Wien, leichter Regen, 2 °C
Washington, DC, Schnee, –2 °C
Peking, sonnig, –3 °C

CD 31 **b Hör zu und ordne die drei Wetterberichte den Tagen zu.**

A Sonntag, 23. Juli

Heute 27 °C

Morgen 20 °C

B Freitag, 22. Dezember

C Mittwoch, 15. Mai

c Wetter bei euch

Wie war das Wetter: gestern, vor einer Woche, am letzten Neujahrstag, in den letzen Sommerferien, an deinem Geburtstag …?

> Gestern hat es geregnet.

> Das Wetter am 1. Januar? Oh, das weiß ich leider nicht mehr.

4 Was machst du, wenn …?

Schreib mindestens je zwei Sätze mit *wenn*. Sprecht dann in der Klasse.

Wenn es regnet, …
Wenn es schneit, …
Wenn es heiß ist, …
Wenn es kalt ist, …
Wenn die Sonne scheint, …

▶ Was machst du, wenn es regnet?
▶ Wenn es regnet, ziehe ich eine Jacke an.

Wetterchaos

a Zu welchen Zeitungsüberschriften passen die Fotos A–E?

❶ **5 Tage Regen: Alles steht unter Wasser: Kartoffeln und Gemüse teurer.**

❷ **Bis 2080 kein Schnee mehr in den Alpen?**

❸ ***Kalifornien – großes Feuer: in 24 Stunden 2400 Hektar Wald weg!***

❹ **Ohne Eis kein Eisbär! Arktis bald eisfrei!**

❺ **Orkan „Freddy" rast mit 190 km/h über Europa!**

CD 32 **b Radio Total – Hör die Radiosendung: Welche Bilder und Überschriften passen?**

c Hör noch einmal. Was ist richtig?

1. Der Sturm Freddy …
   - [a] war ca. 160 km schnell.
   - [b] ist mit über 190 km/h über Osnabrück gezogen.
   - [c] war der erste Orkan in diesem Jahr.

2. Der Sturm hat …
   - [a] nichts kaputtgemacht.
   - [b] ein Zirkuszelt zerstört.
   - [c] die Stadt überschwemmt.

3. Wann sind die Alpen fast eisfrei?
   - [a] In wenigen Jahren.
   - [b] In 100 Jahren.
   - [c] In weniger als 100 Jahren.

4. Eine andere Folge der Erwärmung ist, dass …
   - [a] es mehr Überschwemmungen gibt.
   - [b] es immer trockener wird.
   - [c] die Leute anders leben.

d Etwas gegen den Klimawandel tun: Welche Beispiele nennt der Professor?

Phonetik: *ch* und *c* – dieselben Buchstaben, unterschiedliche Aussprache

CD 33 **a Hör zu und notiere: Wo spricht man k, tsch, sch, ts?**

Chaos, Chat und Chef   circa, Computer und CD

b Hör noch einmal und sprich nach.

7 Konsequenzen und keine Konsequenzen

a Was passiert, wenn ...? Ordne 1–4 und a–d zu und schreib Sätze.

1. Wir fahren weiter so viel Auto.
2. Es wird wärmer.
3. Das Eis schmilzt.
4. Wir verbrauchen zu viel Wasser.

a) nicht genug Trinkwasser
b) Überschwemmungen
c) bald kein Erdöl mehr
d) das Eis schmilzt

Wenn wir weiter so viel Auto fahren, dann ...

b *Trotzdem*. Lies die Sätze und ergänze das „Denk nach".

Denk nach

		Position 2	
Es gibt bald kein Öl mehr,	*trotzdem*	*fahren*	*wir weiter Auto.*
Es gibt nicht genug Trinkwasser,	*trotzdem*	*...*	

c Schreib Sätze mit *trotzdem*.

1. Strom kostet viel Geld ...
2. Wir müssen viel Geld für Heizung bezahlen ...
3. Energiesparlampen sparen Strom ...
4. Fahrradfahren ist gesund ...
5. Die Straßenbahn ist billiger als das Auto ...
6. ...

Licht / nicht ausmachen — **keine Straßenbahn / benutzen** — **Auto fahren** — **kaufen / elektrische Geräte** — **alte Glühbirnen / benutzen** — **viel / heizen** — **viele / rauchen** — **kein Obst essen**

Strom kostet viel Geld, trotzdem kaufen wir immer mehr elektrische Geräte.

8 Alle wollen etwas tun, aber keiner tut etwas, oder doch?

a Lies die Beispiele und ergänze das „Denk nach".

1. Alle sprechen über das Klima, aber niemand/keiner will Energie sparen.
2. Jeder muss etwas tun, aber fast niemand/keiner tut etwas.
3. Wenn man immer alles negativ sieht, erreicht man nie etwas.
4. Ich möchte etwas für die Umwelt tun, aber ich tue nichts.
5. Hat jemand eine Idee, wie wir Energie sparen können? – Niemand?

Denk nach

jeder/alle ⇨ ... /niemand
jemand ⇨ ... /keiner
etwas ⇨ ...
immer ⇨ ...

b Sprecht in der Klasse.

9 Forum Umwelt

a Wer gibt welchen Tipp? Lies den Text und ordne die Fotos A–D den Namen zu.

Annika, 14: Hi, Freunde! Ich will was für die Umwelt tun. Habt ihr Ideen? Ich meine, außer Mülltrennung.

Philipp, 15: Wir können die Welt sowieso nicht retten. Hab lieber Spaß und mach dir nicht so viele Sorgen.

Carsten, 17: Sag mal, wo lebst du denn? Umweltschutz interessiert uns alle! Man kann doch etwas für die Umwelt tun und trotzdem Spaß haben.

Vanessa, 16: Man kann mit kleinen Dingen etwas tun und sogar Geld sparen! Z.B.: Stromsparen mit Energiesparlampen. Die kosten mehr als normale Lampen, aber halten viel länger und verbrauchen 80 % weniger Energie! Nur mit einer Lampe sparst du im Jahr ca. 9 Euro.

Carsten, 17: Wenn ich aus dem Zimmer gehe, mache ich immer das Licht aus. Außerdem bade ich nicht mehr, sondern ich dusche und verbrauche so 70 Prozent weniger Wasser. Und ich schalte die Elektrogeräte immer aus, wenn ich sie nicht benutze. Die Stand-by Funktion ist ein richtiger Stromfresser!

Philipp, 15: Ah, komm! Wie viel Strom kann ein kleines, rotes Lämpchen denn verbrauchen?

Nadine, 15: Wenn deine Stereoanlage immer auf Stand-by ist, kostet das 30 bis 40 Euro im Jahr! Und du hast doch auch: Computer, Drucker, Radiowecker, Spielkonsole …

Patrick, 16: Von mir ein Tipp zum Wassersparen: Beim Zähneputzen Wasser aus! Denn in einer Minute laufen mindestens fünf Liter weg, also bei drei Minuten Zähneputzen 3 × 5 = 15 Liter, und das mehrmals am Tag!

Natalie, 15: Ich bin Mitglied beim BUND, das ist der Bund für Umwelt- und Naturschutz. Wir machen viele Aktionen zum Thema Umweltschutz und Energiesparen in unserer Region.

Annika, 14: Eure Tipps sind super! Danke, Leute!

Philipp, 15: Und nicht vergessen: Chillen spart viel Energie!

b Lies den Text noch mal. Was steht im Text?

1. Eine Energiesparlampe …
   - [a] ist teurer, aber sparsamer als normale Lampen.
   - [b] kostet nicht mehr und ist sparsamer als normale Lampen.
   - [c] kostet 9 € und hält ein Jahr.

2. So spart man Wasser:
   - [a] Nicht baden, sondern duschen.
   - [b] Die Zähne in einer Minute putzen.
   - [c] Die Zähne nicht zu oft putzen.

3. Carstens Stromspartipp ist:
   - [a] Elektrogeräte auf Stand-by lassen.
   - [b] Das Licht ausmachen, wenn man aus dem Zimmer geht.
   - [c] Keine Stereoanlage kaufen.

c Und eure Tipps? Sammelt in der Klasse.

CD 34

Sprechen üben: lange Wörter

Hör die Wörter und sprich nach.

das Papier	das Recycling	das Recyclingpapier
die Umwelt	der Schutz	der Umweltschutz
der Umweltschutz	die Organisation	die Umweltschutzorganisation
die Zähne	das Putzen	das Zähneputzen
die Haare	das Waschen	das Haarewaschen
die Energie	das Sparen	das Energiesparen

Wortbildung: Verben und Nomen

a Aus fast allen Verben kann man Nomen machen. Ergänze das „Denk nach" und den Tipp.

b Mache Nomen aus diesen Verben. Du kannst auch noch andere Nomen dazunehmen wie im Beispiel.

putzen, sparen, lernen, essen, trinken

das Zimmerputzen
das Geldsparen

Denk nach

putzen	*das Putzen*	*das Zähneputzen*
essen	*das Essen*	*das Mittagessen*
sparen	*...*	*...*
fahren	*...*	*...*

Verben zu Nomen ist einfach:
Artikel ... + Verb im ...

Lernen lernen

Im Deutschen macht man oft Nomen aus Verben. Aber Vorsicht: Nicht alle sind sinnvoll oder sie sind vielleicht sinnvoll, aber man benutzt sie normalerweise nicht. Deshalb: Diese Regel hilft beim Verstehen. Selbst Wörter erfinden funktioniert sehr oft nicht.

Projekt: Energiesparen und Umweltschutz in der Schule oder zu Hause

a Wählt „Schule" oder „zu Hause" und sammelt Ideen.

b Arbeitet in Gruppen und macht ein Plakat oder eine kleine Präsentation.

Land und Leute

Viele Schulen in Deutschland machen Umweltprojekte. Sie machen z.B. einen ökologisch interessanten Schulgarten, sie bauen Solaranlagen, sie verwenden Regenwasser für die Toiletten. Manche bauen eine Fahrradwerkstatt auf oder gründen eine Initiative für die Verwendung von umweltfreundlichem Papier in der Schule. Andere entwickeln Lösungen für das Müllproblem in der Schule. Viele Städte und Bundesländer unterstützen diese Projekte und machen Wettbewerbe. Die besten Projekte bekommen Preise. • Internet Suchwörter: „Schule Umweltprojekt"

Sagen wo man gerne leben möchte

Ich möchte gerne mal ein paar Wochen auf dem Land leben, weil ich dann neue Erfahrungen machen kann.
Ich möchte nicht gerne in einer großen Stadt leben, weil es dort stressig ist.
Das Leben im Urwald ist bestimmt aufregend.

Das Wetter beschreiben

Letzte Woche war es hier heiß und trocken. Die Sonne hat geschienen. Ein herrliches Wetter!
Am letzten Neujahrstag war ein Mistwetter. Es war kühl und windig.
Morgens hat es geschneit und nachmittags hat es geregnet. Was für ein furchtbares Wetter!

Über Konsequenzen sprechen

Wenn wir zu viel Wasser verbrauchen, gibt es bald nicht genug Trinkwasser.
Trotzdem verbrauchen wir weiter viel Wasser.
Wenn wir weiter so viel Auto fahren, gibt es bald kein Öl mehr.
Trotzdem fahren wir weiter mit dem Auto. Warum?

Tipps zum Umweltschutz formulieren

Eine Energiesparlampe verbraucht viel weniger Energie als eine normale Lampe.
Wenn man nicht badet sondern duscht, spart man viel Wasser.

Außerdem kannst du ...

... Wetterberichte verstehen.
... einen Text aus einem Forum über den Umweltschutz verstehen.

Grammatik kurz und bündig

Satzverbindungen: trotzdem

		Position 2	
Es gibt bald kein Öl mehr,	*trotzdem*	*fahren*	*wir weiter Auto.*
Es gibt nicht genug Trinkwasser,	*trotzdem*	*...*	

Negationswörter: keiner, niemand, nichts und nie

jeder/alle	*⇔ keiner /niemand*	*Keiner tut etwas. – Alle tun etwas.*
jemand	*⇔ niemand /keiner*	*Kann jemand helfen? – Nein, es ist niemand da.*
etwas	*⇔ nichts*	*Möchtest du denn nichts für die Umwelt tun?* *Doch, ich möchte etwas für die Umwelt tun.*
immer	*⇔ nie*	*Wenn man immer alles negativ sieht, erreicht man nie etwas.*

Wortbildung: aus Verben Nomen machen

Wenn ein Infinitv zum Nomen wird, ist der Artikel immer Neutrum: das.

sparen ⇨ das Sparen ⇨ das Energiesparen, das Wassersparen, das Geldsparen, ...
putzen ⇨ das Putzen ⇨ das Zähneputzen, das Zimmerputzen, ...
fahren ⇨ das Fahren ⇨ das Radfahren, das Autofahren, ...

Ich finde Energiesparen sehr wichtig.

Radfahren ist mein Hobby.

Reisen am Rhein 13

Das lernst du

- *Vorlieben und Abneigungen nennen*
- *Zustimmen und ablehnen*
- *Eine Reise planen*
- *Fahrkarten kaufen*

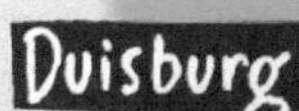

Köln

Bingen

Frankfurt am Main

Mannheim

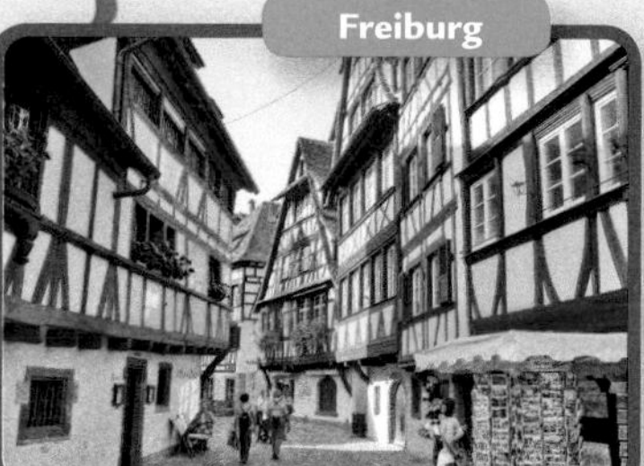

Freiburg

Straßburg

Schaffhausen

Basel

Essen
Duisburg
Düsseldorf
Köln
Bonn
Rhein
Koblenz
Wiesbaden
Frankfurt a.M.
Bingen
Mainz
Mannheim
Ludwigshafen
Rhein
Baden-Baden
Straßburg
Freiburg
Konstanz
Schaffhausen
Basel
Rhein
Bodensee

Der Rhein

a Landschaften und Städte in Deutschland, Österreich und der Schweiz. Was kennt ihr schon? Sammelt in der Klasse.

b Schau die Karte auf Seite 49 an. Lies die Texte 1–6. Zu welchen Bildern passen sie?

❶ Der Rhein kommt aus den Alpen und fließt durch den Bodensee. Bald nach dem Bodensee gibt es einen großen Wasserfall. Er heißt der „Rheinfall von …". Ab Basel fließt der Rhein nach Norden zur Nordsee. Er ist ökonomisch einer der wichtigen Flüsse Europas.

❷ Das ist die drittgrößte Schweizer Stadt (nach Zürich und Genf). Es ist eine große Industriestadt, aber es gibt auch viele interessante Museen. Z.B. das Museum Tinguely. Dort kann man die verrückten Maschinen von Jean Tinguely sehen. Berühmt ist die Basler Fastnacht (so heißt hier der Karneval / der Fasching).

❸ In der „Ökostadt" von Deutschland gibt es viele Solaranlagen auf den Dächern. Außerdem gibt es 500 km Fahrradwege. Man kann hier gut ohne Auto leben. Um das Münster (die Kirche) ist eine große Fußgängerzone ohne Autoverkehr und Ampeln. Nicht weit von hier ist ein großer Vergnügungspark, der „Europapark" in Rust (www.europapark.de).

❹ Diese Stadt hat viel Industrie und einen wichtigen Flusshafen. Sie liegt fast genau zwischen Basel und Köln. Seit ein paar Jahren gibt es hier die „Popakademie", eine Schule für Musiker und Musikproduzenten (www.popakademie.de).

❺ Die Landschaft am Rhein zwischen Koblenz und Bingen ist weltweit berühmt. Jedes Jahr kommen viele Tausend Touristen, besichtigen die alten Burgen und fahren mit dem Schiff auf dem Rhein. Dort hören sie die Geschichte von der Loreley. Die schöne Frau auf dem Berg hat durch ihr Singen die Schiffer so verrückt gemacht, dass sie mit ihren Schiffen gegen den Felsen gefahren sind.

❻ Die Römer haben diese Stadt gegründet. Sie ist die Karnevalshauptstadt am Rhein. Ihr Wahrzeichen ist der Dom. Am 15. August 1248 hat man mit seinem Bau begonnen und erst 1880 war er fertig. Heute ist sie auch eine Medienstadt. Viele Fernsehsender produzieren hier ihre Programme. Manche Studios kann man auch besuchen (www.mmc.de).

2 Einen Text verstehen

a Zu welchen orangenen Wörtern im Text gehören die Erklärungen?

1. Eine Stadt mit vielen Fabriken.
2. In diesen Straßen darf man nicht mit dem Auto fahren. Die Leute können in Ruhe spazieren gehen.
3. Ein Ort am Fluss. Hier halten die Schiffe.
4. Hier gibt es weniger Autos und mehr Fahrräder. Man benutzt die Energie von der Sonne.
5. Der Fluss ist wichtig für die Fabriken, weil man die Produkte auf ihm transportieren kann.
6. Eine große Kirche.

b Schreib eine Frage zum Text. Tauscht die Fragen und lest vor. Wer weiß die Antwort?

Wie heißt die Schule für Musiker?

Wo ist ...?

Wann war ...?

c Welchen Ort möchtest du am liebsten besuchen? Warum?

Ich möchte gerne ... besuchen, weil ... Am liebsten möchte ich ...

3 Städterätsel

Beschreib einen Ort aus deiner Region oder einen aus *prima*. Die anderen raten.

Meine Stadt ist in Deutschland. Sie hat einen Flughafen. Der Flughafen ist groß. Sie hat viele Hochhäuser.

4 Wiederholung: Adjektive vor dem Nomen (Singular)

a Ergänze die Endungen.

Denk nach

Nominativ	*Akkusativ*	*Dativ*
Das ist ...	*Wir besuchen ...*	*Wir sind ...*
der berühmt... Loreleyfelsen.	*den schön... Bodensee.*	*am schön... Bodensee.*
das interessant... Museum.	*das interessant... Museum.*	*im interessant... Museum.*
die wichtig... Industriestadt.	*die wichtig... Industriestadt.*	*in der wichtig... Industriestadt.*
ein groß... See.	*einen schön... See.*	*an einem schön... See.*
ein interessant... Museum.	*ein interssant... Museum.*	*in einem interessant... Museum.*
eine wichtig... Industriestadt.	*eine wichtig... Industriestadt.*	*in einer wichtig... Industriestadt.*

b Sammelt zuerst Adjektive an der Tafel. Ergänzt dann die Sätze mit Adjektiven in der richtigen Form.

1. Ich möchte mit meiner (1) Freundin eine (2) Fahrt auf (3) der Elbe machen.
2. Morgen besichtigen mein (1) Vater und meine (2) Schwester den (3) Fernsehturm in Berlin.
3. Ich möchte einen (1) Urlaub an einem (2) See im (3) Schwarzwald machen.
4. Die (1) Geschichte von der (2) Loreley findet meine (3) Mutter sehr schön.
5. Der (1) Popstar trägt eine (2) Zahnspange und in der Nase einen (3) Ring.

Ich möchte mit meiner neuen Freundin eine ruhige Fahrt auf der schönen Elbe machen.

Ich möchte mit meiner ruhigen Freundin eine langweilige Fahrt auf der warmen Elbe machen.

Ich möchte mit meiner fantastischen ...

CD 35

Reisepläne

a Hör zu. Elias und Tim haben Reisepläne. Welche Fotos passen zur Reise?

b Hör noch einmal. Was ist richtig? Was ist falsch?

1. Tim und Elias wollen mit Freunden verreisen.
2. Elias mag Museen.
3. Tim möchte gerne am Bodensee wandern.
4. Er hat sich schon genau informiert.
5. Tim möchte unbedingt in den Europapark.
6. Das Zwei-Tage-Ticket ist billig.
7. Später wollen die beiden auch mit einem Rheinschiff fahren.
8. Die Übernachtung im Einzelzimmer oder Doppelzimmer kostet 14 Euro pro Person.

c Ergänze die Lücken 1–7 im Dialog.

ist bestimmt – Einverstanden – möchte lieber – dafür – dagegen – unbedingt – eine tolle Idee

▷ Tim, wir müssen endlich mal unsere Reise im Juli planen. …
▶ Ich will auf jeden Fall an den Bodensee und nach Basel.
▷ (1), ich bin auch (2). Aber was willst du in Basel machen?
▶ Ich will (3) ins Museum Tinguely und ins Kunstmuseum.
▷ Bitte nicht, ich bin (4), dauernd Museen, das ist doch furchtbar langweilig.
▶ Wir können ja auch andere Sachen machen. Was willst du denn machen?
▷ Ich möchte eine Rundfahrt um den Bodensee machen. Das dauert drei oder vier Tage.
▶ Das ist (5). Hast du da schon Informationen?
▷ Nichts Genaues, aber ich kann ein bisschen im Internet recherchieren.
▶ O.k. – und danach mit der Bahn nach Basel. Für zwei oder drei Tage und dann …
▷ Zwei Tage, Elias, das reicht! Und danach drei Tage „Europapark" …
▶ Drei Tage? Ich finde diese Parks nicht so toll. Ich (6) nach Freiburg.
▷ O.k., zwei Tage Europapark und ein Tag Freiburg.
▶ Der Europark (7) sehr teuer …

Dialoge üben

a Lest die Sätze und sammelt weitere Redemittel an der Tafel.

Wohin wollen wir fahren?	Wir können nach / in die ... fahren.
Wollen wir im Juli nach ... fahren?	Das ist eine tolle Idee. / Das ist super.
Was kann man da machen?	Einverstanden, ich bin auch dafür.
Was willst du in ... machen?	Das möchte ich nicht. / Das gefällt mir nicht.
	Ich bin dagegen.
Was kostet die Fahrkarte /	Ich möchte gern/lieber / am liebsten ...
die Jugendherberge / der Eintritt?	In ... gibt es ...
Wie lange willst du / wollen wir in ... bleiben?	Man kann von dort nach / in die / auf den ... fahren.

b Schreibt und spielt Dialoge.

Wiederholung: Präpositionen

Ergänze die Sätze.

1. Wir wollen ... Österreich fahren und danach in die Schweiz.
2. Von Freiburg kann man ... den Feldberg fahren.
4. ... die Fahrt auf dem Rhein müssen wir ein Ticket kaufen.
5. ... Mainz nach Koblenz braucht das Schiff über fünf Stunden.
6. Wollen wir ... der Kirche ein Foto ... uns machen lassen?
7. Wie lange braucht man ... Zentrum ... Bahnhof?
8. ... der Straßenbahn sind es nur zehn Minuten.
9. Ich will ... dem Fahrrad ... die Alpen nach Italien fahren.
10. Mannheim liegt ... der Mitte ... Basel und Köln.

Denk nach

Österreich ⇨ nach Österreich
die Schweiz ⇨ in die Schweiz
Deutschland ⇨ ...
der Schwarzwald ⇨ ...

Wortbildung: Komposita

a Lies das „Denk nach“. Welches Wort bestimmt den Artikel bei den Komposita?

Denk nach

die Vergnügung + der Park	*⇨ der Vergnügungspark*
der Fußgänger + die Zone	*⇨ die Fußgängerzone*
der Rhein + das Schiff	*⇨ ... Rheinschiff*

b Wie viele Komposita kannst du mit diesen Wörtern machen? Wie heißt der Artikel? Vergleicht in der Klasse.

der Pop, der Rhein, der Park, der Musiker, das Museum(s), das Fahrrad, die Stadt, die Universität(s), die Brücke, die Vergnügung(s), der Fußgänger, die Tour, die Kunst, die Hygiene, die Akademie, die Gruppe

CD 36

Aussprache: Konsonantenhäufungen

Hör zu, klatsche die Silben und sprich nach, erst langsam, dann schneller.

die U·ni·ver·si·täts·stadt   der Ver·gnü·gungs·park   die Mu·se·ums·tour   Deutsch·land der Schwarzwald

ein Vergnügungspark im Schwarz·wald   eine Universitätsstadt in Deutschland

Projekt: Reiseplan

Plant eine kurze Reise: Reiseziele, Reiseformen (Bus, Bahn...), Aktivitäten und euer Gepäck.

der Flughafen das Flugzeug / der Zug / der Bus der Flug fliegen, abfliegen – landen der Abflug – die Landung	die Abfahrt – die Ankunft der Bahnsteig abfahren – ankommen einsteigen – aussteigen auf sein – zu sein geöffnet – geschlossen	der Ausweis / der Pass die Landkarte das Gepäck der Koffer der Rucksack

Am Fahrkartenschalter

CD 37

a Lies 1–6 und hör dann zu. Was ist richtig?

1. Elias und Tim möchten nach Mainz fahren.
2. Sie haben keine BahnCard, aber es gibt eine andere Ermäßigung.
3. Der Zug fährt kurz vor 11 von Bahnsteig 4.
4. Sie fahren mit einem ICE.
5. Sie müssen nicht umsteigen.
6. Sie reservieren einen Platz am Fenster und einen am Gang.

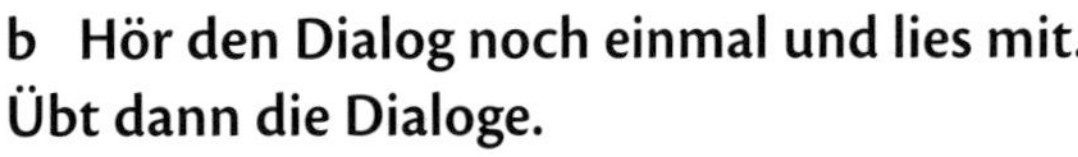

b Hör den Dialog noch einmal und lies mit. Übt dann die Dialoge.

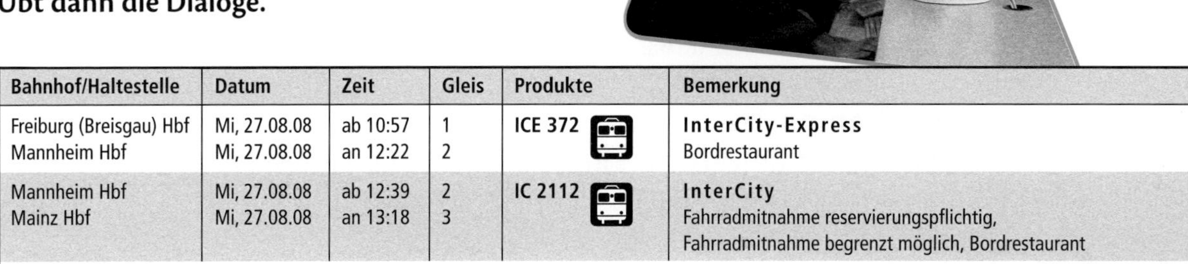

Bahnhof/Haltestelle	Datum	Zeit	Gleis	Produkte	Bemerkung
Freiburg (Breisgau) Hbf Mannheim Hbf	Mi, 27.08.08 Mi, 27.08.08	ab 10:57 an 12:22	1 2	ICE 372	InterCity-Express Bordrestaurant
Mannheim Hbf Mainz Hbf	Mi, 27.08.08 Mi, 27.08.08	ab 12:39 an 13:18	2 3	IC 2112	InterCity Fahrradmitnahme reservierungspflichtig, Fahrradmitnahme begrenzt möglich, Bordrestaurant
					Preis: 48,00 EUR Zur Buchung

Teil 1: Ort und Datum

▶ Guten Tag, wir hätten gern eine Fahrkarte von Freiburg nach Mainz.
▶ Für wann?
▶ Für übermorgen.
▶ Hin und zurück?
▶ Nein, einfach.
▶ Haben Sie BahnCard?
▶ Ja, BahnCard 25.

Teil 2: Uhrzeit und Zugtyp

▶ Um wie viel Uhr möchten Sie fahren?
▶ Um zehn.
▶ Um 10 Uhr 57 fährt ein ICE. In Mannheim müssen Sie umsteigen.
▶ Gibt es noch eine Möglichkeit?
▶ Erst wieder um 13 Uhr 04.
▶ Dann nehmen wir den Zug um 10 Uhr 57. Von welchem Bahnsteig fährt der Zug?
▶ Bahnsteig 4.

Teil 3: Reservierung

▶ Möchten Sie einen Platz reservieren?
▶ Ja, bitte.
▶ 1. oder 2. Klasse?
▶ 2. Klasse.
▶ Fenster oder Gang?
▶ Wie bitte?
▶ Möchten Sie am Fenster sitzen oder am Gang?
▶ Am Fenster bitte.
▶ Gut, das kostet dann 48 Euro pro Person. Zusammen 96 Euro.

CD 38

Sprechen üben: nachfragen

a Hör zu und sprich wie im Beispiel.

Dialog 1
▶ Der ICE fährt um 13 Uhr 15.
▶ Wie bitte? Um wie viel Uhr fährt der ICE?
▶ Der ICE fährt um 13 Uhr 15.
▶ Danke schön.

Dialog 2: Wie viel ...?
Dialog 3: Auf welchem ...?
Dialog 4: Wie viel ...?

b Schreibt Dialoge und übt zu zweit.

	Kunde 1	Kunde 2
Strecke	Heidelberg ⇨ Köln	Bingen ⇨ Straßburg
Datum/Dauer	12. 3.–16. 3.	morgen
Ermäßigung	BahnCard	Nein
Verbindung	ICE	Regionalexpress + EuroCity
Abfahrt – Ankunft	12.36–18.48	14.55–20.01
Umsteigen	Mannheim	Mainz + Karlsruhe
Reservierung	2. Klasse	2. Klasse, Fenster
Preis	53,25 €	38,50 €

Lernen lernen

Wenn man viel reist, wiederholen sich viele Situationen. Auf diese Situationen kann man sich vorbereiten.
Probiert es aus. Sammelt Wörter und Ausdrücke zu diesen Themen:

1. *bei einer Jugendherberge anrufen*
2. *nach dem Weg fragen*
3. *nach Sehenswürdigkeiten fragen*
4. *etwas zum Essen bestellen*

Überlegt: Was wollt ihr wissen, was können die Antworten sein?

Haben Sie am 18. Juni ein Zimmer frei?

Ja/Nein / Für wie viele Personen?
Wie viele Nächte? Mit Bad oder ohne Bad?

Land und Leute

Bei Bahnreisen gibt es viele Sonderangebote.
In Deutschland gibt es z.B. sehr billige Fahrkarten für das Wochenende und man kann Geld sparen, wenn man eine BahnCard hat oder die genaue Fahrzeit schon beim Fahrkartenkauf festlegt.
Informationen findet man unter:
www.bahn.de, www.öbb.at, www.sbb.ch.

Vorlieben und Abneigungen nennen

Ich will unbedingt ins Museum.
Ich möchte eine Radtour machen.
Ich möchte lieber nach Freiburg.

Immer nur Museen, das ist langweilig.
Ich finde diese Parks nicht so toll.

Zustimmen und ablehnen

Ich bin dafür.
Das ist eine tolle Idee.
Einverstanden, ich bin ich auch dafür.

Ich bin dagegen.
Das ist bestimmt sehr teuer / zu teuer.

Eine Reise planen

Wohin wollen wir fahren?
Wollen wir im Juli nach ... fahren?
Was kann man da machen?
Was willst du in ... machen?
Was kostet die Fahrkarte/die Jugendherberge/ der Eintritt?
Wie lange willst du / wollen wir in ... bleiben?

Wir können nach / in die ... fahren.
Das möchte ich nicht. / Das gefällt mir nicht.
Ich möchte gern/lieber / am liebsten ...
In ... gibt es ...
Man kann von dort nach / in die / auf den ... fahren.

Fahrkarten kaufen

Ich hätte gerne eine Fahrkarte nach Rostock.
Für morgen/übermorgen/Freitagmorgen.
Etwa um 10 Uhr. / Zwischen zehn und elf.
Hin und zurück.
Mit/Ohne Bahncard.

1. Klasse. / 2. Klasse.
Ich möchte einen Platz reservieren.
Am Fenster / Am Gang, bitte.
Gibt es ein Sonderangebot / Ermäßigungen?
Muss ich umsteigen?

Außerdem kannst du ...

... Texte zu verschiedenen Orten und Landschaften verstehen.
... einen Reiseplan machen und dich auf Situationen auf einer Reise vorbereiten.

Grammatik kurz und bündig

Präpositionen (Übersicht)

*Die Wechselpräpositionen in, an, auf, vor – hinter, über – unter, zwischen, neben stehen mit **Akkusativ**, wenn man über die Richtung ⇨ ◘ spricht und mit **Dativ**, wenn man über den Ort ● spricht*

*Diese Präpositionen stehen immer mit **Dativ**: aus, bei, mit, nach, seit, von, zu*
*Diese Präpositionen stehen immer mit **Akkusativ**: für, ohne, gegen, durch*

Wortbildung: Komposita

die Vergnügung + der Park ⇨ der Vergnügungspark
der Fußgänger + die Zone ⇨ die Fußgängerzone
der Rhein + das Schiff ⇨ das Rheinschiff

Bei manchen Komposita kommt ein s zwischen die beiden Wörter:
die Urlaubsreise, der Museumsbesuch, die Unversitätsstadt ...

Die Abschiedsparty 14

1 Habt ihr schon gepackt?

2 Nee, aber morgen kommen die Kisten.

3 Hast du eine Ahnung, was man Jan zum Abschied schenken kann?

4 Ich muss euch etwas sagen. Ich bin nächstes Schuljahr nicht mehr da.

5 Jan tanzt gerne, wir brauchen gute Musik.

Das lernst du

- *Vor- und Nachteile formulieren*
- *Über Geschenke sprechen*
- *Ein Fest planen*
- *Jemanden verabschieden*

Der Umzug

a Ordne die Sprechblasen auf Seite 57 den Fotos zu. Wer ist Jan auf den Bildern?

b Du hörst ein Gespräch zwischen Jugendlichen. Zu dem Gespräch gibt es Aufgaben. Lies zuerst die Aufgaben. Hör dann zu. Notiere: richtig oder falsch.

CD 39 Teil 1

1. Jan ist im nächsten Jahr nicht mehr in seiner alten Schule.
2. Sein Vater hat eine Arbeitsstelle im Ausland.
3. Jan findet es toll, dass er ins Ausland gehen kann.
4. Die Klasse will noch eine Abschiedsparty mit Jan machen.
5. Alle finden, dass es blöd ist, wenn man mit den Eltern ins Ausland geht.

CD 40 Teil 2

6. Sie wollen ihm ein Wörterbuch schenken.
7. Sie wollen ihm alle zusammen ein Buch über Russland schenken.
8. Zwei treffen sich am Nachmittag in der Stadt und kaufen ein Buch.
9. Jan mag die Musik von den „Prinzen".
10. Sie brauchen noch mehr Geschenkideen.

Mit den Eltern ins Ausland gehen

Sammelt Meinungen in der Klasse. Wie viele Argumente findet ihr?

Es ist gut, wenn man eine neue Sprache lernt.
Ich finde, das ist eine echte Chance, weil ...
Am Anfang ist es bestimmt ..., aber später ...
Ein Vorteil ist, dass man andere Menschen trifft.
Ein Nachteil ist, dass ...
Ich war noch nie ..., aber ...
Es ist traurig, wenn ...
Ich glaube, dass ...

Land und Leute

Deutsche im Ausland – Ausländer in Deutschland

Im Jahr 2007 sind 165.000 Deutsche ins Ausland gegangen. Die Gründe sind meistens bessere Berufsaussichten, höhere Löhne und gute Kinderbetreuung. Die beliebtesten Länder sind die Schweiz, Österreich und die USA. Allerdings sind 2007 auch über 100.000 Deutsche aus dem Ausland wieder nach Deutschland zurückgekommen. Über 15 % der Einwohner Deutschlands sind heute Migranten.

Quelle: Statistisches Bundesamt

Abschiedsgeschenke für Jan

a Lies die Sätze und mach eine Tabelle im Heft wie im „Denk nach".

Überlege: Welche Satzteile sind Personen, welche sind Sachen?

1. Wir schenken ihm einen Reiseführer über Russland.
2. Tom schenkt seinem Freund Jan eine CD.
3. Sylvie schenkt ihm ein Wörterbuch Russisch-Deutsch.
4. Marie schenkt Jan ein T-Shirt von den Prinzen. Die Band findet er super.

Denk nach

	schenken	
⇙	⇩	⇘
Wer?	*Wem?* (Person)	*Was?* (Sache)
Wir	*ihm*	*einen Reiseführer über Russland.*
Ich	*mein... Schwester*	*ein... Sonnenbrille.*

b Wem? – Ergänze. Es gibt mehrere Möglichkeiten.

dir – uns – ihm – seinen Freunden ...

1. Ich kann den MP3-Player für 20 Euro verkaufen.
2. Mein Bruder leiht morgen sein Moped.
3. Bitte bring Kaugummis mit.
4. Meine Mutter erzählt eine spannende Geschichte.
5. Er schreibt eine SMS.
6. Ich repariere das Fahrrad.
7. Ich habe einen Ring gekauft.
8. Jans Mutter kauft einen neuen Computer.

Ich kann dir den MP-3 Player für 20 Euro verkaufen.

Ich kann ihm ...

Geschenkideen

Wem kann man was schenken? Sammelt in der Klasse.

GRUPPE A
Geschenke für den kleinen Bruder / die kleine Schwester

GRUPPE B
Geschenke für den besten Freund / die beste Freundin

GRUPPE C
Geschenke für Mutter/ Vater

Wir schenken unserer kleinen Schwester eine Puppe.

Wie schenken unseren Eltern ...

Die Prinzen: Was soll ich ihr schenken?

CD 41

a Hör das Lied. Sieh das Bild an. Kannst du die Geschenke erkennen?

Nummer 10 sind bestimmt die Scheuklappen.

Jeden Tag und jede Nacht
muss ich daran denken,
jeden Tag und jede Nacht,
was soll ich ihr schenken,
was soll ich ihr schenken?
Denn alles, alles hat sie schon,
alles, alles und noch mehr,
alles, alles hat sie schon,
was soll ich da schenken,
ohne sie – ohne sie zu kränken.

'nen Gummibaum? – (hat se schon!)
Badeschaum? – (hat se schon!)
'n rotes Tuch? – (hat se schon!)
'n Sparbuch? – (hat se schon!)
'nen Knutschfleck? – (will se nich!)
'nen Bumerang? – (da hat se mich!)
Sogar 'ne Matratze – die hat se, hat se, hat se!
Was soll ich da schenken,
ohne sie zu kränken?!

Jeden Tag und jede Nacht
muss ich daran denken,
jeden Tag und jede Nacht,
was soll ich ihr schenken,
was soll ich ihr schenken?
'nen Meerschwein? – (hat se schon!)
'nen Heiligenschein? – (hat se schon!)
'nen Ring am Finger? – (hat se schon!)
so süße Dinger? – (hat se schon!)
Scheuklappen? – (hat se schon!)
'nen Waschlappen? – (hat se schon!)

Ich mach mir heute kein Abendbrot,
ich mach mir solche Sorgen,
woher krieg ich ein Geschenk,
ich brauche was bis morgen!

Jeden Tag und jede Nacht
muss ich daran denken,
jeden Tag und jede Nacht,
was soll ich ihr schenken,
ohne sie – ohne sie zu kränken?

Eventuell fällt's mir gerade ein,
ist allerdings noch streng geheim,
eventuell schenk ich ihr …

b Sie findet seine Geschenkidee nicht gut. Sammelt Ideen: Was will er ihr schenken?

Sprechen üben – mündliche Kurzformen

CD 42

Hör zu, sprich nach und ergänze die schriftliche Form.

'nen Gummibaum
'ne Matratze
hat se

ich mach
ach nö
eventuell fällt's mir gerade ein

⇨ *einen Gummibaum*

7 Was braucht man für die Party?

a Sammelt in der Klasse.

Lebensmittel	Getränke	Besteck/Geschirr	Musik
Kartoffelsalat	Säfte für die Cocktails	Löffel	
Braten			

b Schreibt die Fragewörter auf Karten. Mischt die Karten. Zieht eine Karte und formuliert eine Frage.

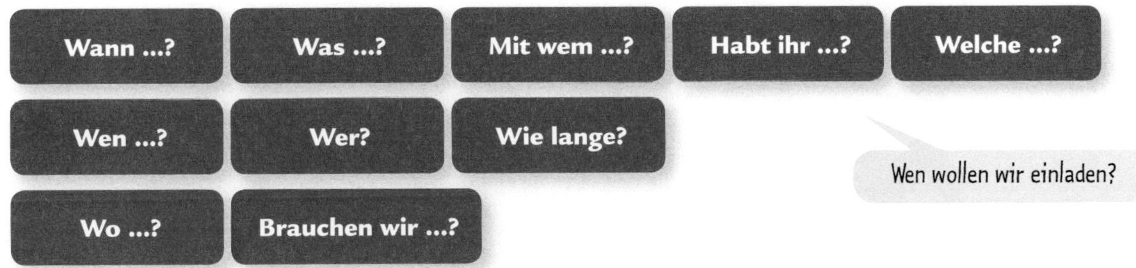

Wen wollen wir einladen?

c Plant die Party. Sprecht in der Klasse.

Cleopatra
8 cl Schwarztee
2 cl Coconut Cream
2 cl Maracujasirup
4 cl Ananassaft
2 cl Lime Juice
Menge: 18 cl

Amore
3 cl Curaçao bleu
6 cl Orangensaft
6 cl Ananassaft
4 cl Pfirsichnektar
Menge: 19 cl

Ich habe noch nie Cocktails gemacht, das wird ein echtes Experiment. Ich hoffe, dass es klappt.

Wow, Cocktails, ich bekomme jetzt schon Durst.

Quelle: www.nice-cocktails.de/cocktails_ohne.html

8 Mach mir (k)eine Szene!

CD 43

a Ordne die Elemente A–D. Hör zu und kontrolliere.

b Schreibt den Dialog zu Ende.

Die Eifersuchtsszene

A

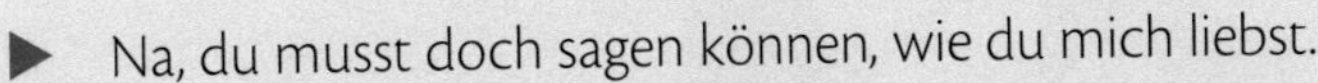

- ▶ Na, du musst doch sagen können, wie du mich liebst.
- ▶ Ich liebe dich eben. Ich kann doch sonst nichts sagen.
- ▶ Sonst nichts sagen? Ich merke schon, du liebst mich nicht mehr.
- ▶ Doch, doch, ich liebe dich schon.
- ▶ „Schon" – was heißt denn das nun wieder, „schon"? Das ergibt doch keinen Sinn.
- ▶ Na, ich liebe dich eben schon, aber …

B

- ▶ Aber was ist denn …
- ▶ Du bist neu verliebt. Wie heißt sie?
- ▶ Wer? So ein Unsinn! Da ist niemand! Ich bin nicht … Ich habe keine …
- ▶ Du bist unerträglich. Du sollst …

C

- ▶ Aha, also „schon" und „aber" … Du liebst mich nicht mehr, gib es doch zu.
- ▶ Ich kann doch nichts zugeben, weil …
- ▶ Siehst du, siehst du – „schon", „aber", „weil"! Es ist aus. Ich habe es gewusst, dass es aus ist. Nach all der Zeit sagst du mir kalt ins Gesicht, dass du mich nicht mehr liebst. Es ist furchtbar, niemand liebt mich …

D

- ▶ Sag mal, liebst du mich noch?
- ▶ Ja, ich liebe dich.
- ▶ Du kannst es ruhig sagen, wenn du mich nicht mehr liebst.
- ▶ Aber ich liebe dich doch.
- ▶ Das hört sich aber nicht sehr toll an. Wie liebst du mich den?
- ▶ Wie „wie"?

Sprechen üben: Partikel nicht betonen

CD 44 **a Hör zu und sprich nach. Achte auf die Betonung.**

Du kannst es ruhig sagen.
Aber ich liebe dich doch.
Wie liebst du mich denn?

CD 45 **b Hör zu und sprich nach. Welche Wörter musst du schwach sprechen?**

Ich liebe dich eben.
Ich kann doch sonst nichts sagen.
Was heißt denn das schon wieder?

Abschied

CD 46 **a Zeit zum Abschiednehmen – Hör zu. Welcher Dialog passt zu welchem Foto?**

b Lest die Abschiedssprüche. Schreibt dann eure Sprüche zum Abschied auf Deutsch, auf Englisch und in eurer Sprache.

Niemals geht man ganz,
irgendwas von dir bleibt hier,
hat seinen Platz immer bei mir.

DU FEHLST MIR SCHON JETZT!

Jan, du hast (k)eine Chance, nutze sie!

VERGISS UNS NICHT! UND KOMM BALD WIEDER!

Alles Gute für deine Zukunft
und denk an uns!

VIEL SPASS IM NEUEN LAND

Hey, Alter, bleib,
wie du bist, und
ändere dich täglich!

WIR DENKEN AN DICH.
DENK AUCH AN UNS!

Vor- und Nachteile formulieren

Ein Vorteil ist, dass man ...
Es ist gut, wenn man ...
Ich finde, das ist eine echte Chance, weil man ...

Ein Nachteil ist, dass man ...
Es ist traurig, wenn ...
Man muss neue Freunde finden.

Über Geschenke sprechen

Was wollen wir ihm schenken?
Wir können ihm einen Basketball schenken.
Jans Tante hat ihm zum Abschied einen MP3-Player geschenkt.
Wir schenken unseren Eltern ein Buch.

Ein Fest planen

Wann/Wo machen wir das Fest?
Was wollen wir machen?
Wen laden wir ein?
Wie lange soll das Fest gehen?
Wer macht was?

Mit wem müssen wir sprechen?
Brauchen wir auch Apfelsaft?
Haben wir genug Gläser?
Habt ihr genug Besteck zu Hause?

Jemanden verabschieden

Alles Gute für die Zukunft. Denk an uns.
Viel Spaß im neuen Land.
Bleib, wie du bist!

Vergiss uns nicht und komm bald wieder.
Wir denken an dich. Denk auch an uns!
Du fehlst mir schon jetzt.

Außerdem kannst du ...

... Rezepte verstehen.
... ein Lied verstehen.
... einen Sketch spielen.

Grammatik kurz und bündig

Verben mit zwei Ergänzungen

	Dativ *Wem?* *(Person)*	*Akkusativ* *Was?* *(Sache)*	
Ich schenke	*ihm*	*ein Buch.*	
Er schenkt	*seiner Freundin*	*einen Ring*	*zum Geburtstag.*
Wir schenken	*unseren Eltern*	*einen Ausflug.*	
Ich kann	*dir*	*den MP3-Player*	*für 20 Euro verkaufen.*
Mein Bruder leiht	*mir*	*sein Moped.*	

Die Person steht meistens im Dativ und die Sache im Akkusativ.

Viele Verben können zwei Ergänzungen haben, z.B.:
bringen, erklären, erzählen, holen, kaufen, leihen, mitbringen, reparieren, schenken, schicken, schreiben, verkaufen, wünschen, zeigen ...

Geschichten

a Ordne die Sätze 1–3 den Bildern A–C zu.

1. Mach dir keine Sorgen. Wir können E-Mails schreiben und chatten.
2. Es ist erst mal wichtig, dass du gesund wirst und wieder tanzen kannst.
3. Hier sind Sie ganz falsch. Das Stadtzentrum ist zehn Kilometer in dieser Richtung.

A

B

C

CD 47–49 **b Hör zu. Zu welchen Bildern passen die Geschichten?**

c Hör noch mal zu und ergänze die Tabelle im Heft.

	Was ist das Problem?	*Was passiert am Ende?*
Julians Geschichte		
Doris' Geschichte		
Katrins Geschichte		

d Wählt ein Bild und schreibt einen kurzen Dialog oder einen Text dazu.

Große Pause

Die mündliche Prüfung trainieren

Hier könnt ihr die mündliche Prüfung trainieren. Arbeitet zu viert. Je zwei sind die Prüfer/innen und zwei die Schüler/innen.

Teil A: Sich vorstellen

Stellt euch mit 6–10 Sätzen vor.

Mein Name ist Monika Santos.
Ich bin 15 Jahre alt und komme aus ...

Teil B: Fragen und antworten

Schreibt zehn Fragekarten und zehn Themenkarten wie im Beispiel.
Jede/r Schüler/in zieht vier Karten mit Fragewörtern und fragt damit den Partner / die Partnerin.

Thema ESSEN und TRINKEN

Was?

Thema HOBBYS

Wann?

Teil C: Auf Situationen reagieren

Was sagt die markierte Person?
Jede/r würfelt drei Situationen und sagt 1–2 Sätze dazu.

Prüfungsverhalten trainieren

Wie verhältst du dich bei der Prüfung richtig? Mach den Check! Notiere immer a oder b.

1. **Beim „Schreiben" darfst du ...**
   a ein Wörterbuch benutzen.
   b kein Wörterbuch benutzen.
2. **Du weißt die Antwort auf einige Aufgaben nicht.**
   a Du wählst immer eine Lösung aus.
   b Du lässt diese Aufgaben aus.
3. **Beim „Sprechen" verstehst du deinen Partner / deine Partnerin nicht. Er/Sie spricht zu leise.**
   a Du konzentrierst dich besser.
   b Du fragst: „Kannst du bitte ein bisschen lauter sprechen?"
4. **Du hast beim „Hören" einige Wörter nicht verstanden. Was machst du?**
   a Du ärgerst dich, weil du die Aufgabe nicht lösen kannst.
   b Du bleibst ruhig. Vielleicht verstehst du die Wörter beim 2. Hören. Vielleicht kann man die Aufgabe auch ohne diese Wörter lösen.
5. **Beim Hören/Lesen/Schreiben liest du schnell die Aufgaben und löst sie sofort.**
   a Stimmt. Du darfst keine Zeit verlieren.
   b Stimmt nicht. Du liest die Aufgaben genau.

Kontrolliere dein Ergebnis auf Seite 68.

6. **Du findest einige Aufgaben schwer und andere leicht. Mit welchen Aufgaben beginnst du?**
   a Du beginnst mit den leichten und machst die schwierigeren am Ende.
   b Du machst die schwierigeren zuerst. So hast du mehr Zeit zum Nachdenken.
7. **Wohin schreibst du deine Antworten?**
   a Du kannst die Antworten auf den Prüfungsblättern markieren. Am Ende bekommst du extra 5 Minuten Zeit. Dann kannst du die Antworten in den Antwortbogen abschreiben.
   b Du musst sofort in den Antwortbogen schreiben.
8. **Wie lernst du für die Prüfung?**
   a Du fängst früh an und arbeitest jeden Tag ein bisschen.
   b In den Tagen vor der Prüfung arbeitest du von morgens bis abends.
9. **Am Tag vor der Prüfung hast du Prüfungsstress. Was kann dir jetzt helfen?**
   a Eine lange Party. Laute Musik hören, wild tanzen und die Prüfung vergessen.
   b Ein Ausflug oder langer Spaziergang kann dich entspannen.

Wortschatz trainieren

Arbeitet zu zweit. Wer kann in 10 Minuten ...

1. die meisten Komposita mit den Artikeln finden und
2. die Komposita in einzelne Wörter teilen und mit den Artikeln notieren?

der Vergnügungspark

das Vergnügen + der Park

*VERGNÜGUNGSPARKAPFELSAFTFAHRKARTETISCH
TENNISTIERARZTCOMPUTERSPIELURLAUBSREISE
HAAREWASCHENBASKETBALLSPIELERKOPFSCHMER
ZENEISDISCOZÄHNEPUTZENMUSEUMSBESUCHMIT
TAGESSENFAHRRADTOURAUGENARZTKARTOFFELSALAT*

Große Pause

Meine Lieblingsgrammatik

Diese Grammatik habt ihr in diesem Buch gelernt.

a Schreib die Sätze ins Heft und ergänze sie.

1. Modalverb *dürfen* im Präteritum	Nick musste lernen und d… gestern nicht auf Utes Party gehen.
2. Konjunktionen *sondern* und *aber*	Pedro kommt nicht aus Spanien, … aus Argentinien. Ich möchte gerne einen Austausch machen, … das ist sehr teuer.
3. Präpositionen: *in/an/auf/über/unter/vor/hinter/zwischen/neben*	
Wohin?	Auf Mallorca sind wir morgens … Meer, nachmittags … Stadt und abends … Disco gegangen.
Wo?	Marion schwimmt gern … Meer, ich lieber … Schwimmbad. Warst du gestern … Kino? – Nein, … … Disco.
4. Verben *stellen, legen (wohin?)* Verben *stehen, liegen (wo?)*	Ich s… die Gitarre auf den Boden. Sie s… auf dem Boden. Ich l… die Bücher auf den Tisch. Sie l… auf dem Tisch.
5. Indirekte W-Fragen	Wann fängt das Schulfest an? Hast du gehört, … Wo ist meine Jacke? Weißt du, …
6. Satzverbindung *trotzdem*	die Fußballspieler / Es regnet, / trotzdem / weiterspielen
7. Komposita	das Haarewaschen = … … + … …
8. Verben mit zwei Ergänzungen	Ich / ein T-Shirt / meinem Bruder / schenke / . du / deinen alten MP3-Player / mir / Verkaufst / ?

b Was ist eure ☺-Grammatik? Was ist eure ☹-Grammatik? Arbeitet zu zweit und macht Aufgaben für euren Partner / eure Partnerin.

Sucht im Buch Beispielsätze: 3 Beispiele für ☺-Grammatik und 1 Beispiel für ☹-Grammatik.
Schreibt die Sätze mit einer Lücke ins Heft, euer Nachbar / eure Nachbarin ergänzt die Sätze.

Test von Seite 67 – Zähle deine Punkte zusammen.

1a = 0 P	*2a = 1 P*	*3a = 0 P*	*4a = 0 P*	*5a = 0 P*	*6a = 1 P*	*7a = 1 P*	*8a = 1 P*	*9a = 0 P*
1b = 1 P	*2b = 0 P*	*3b = 1 P*	*4b = 1 P*	*5b = 1 P*	*6b = 0 P*	*7b = 0 P*	*8b = 0 P*	*9b = 1 P*

0–7 Punkte: ☹ Besprich die Fragen 1–9 mit Freunden oder deiner Lehrerin / deinem Lehrer.
8–9 Punkte: ☺ Dein Prüfungsverhalten ist gut.

Große Pause

Über den Deutschunterricht nachdenken

Was habt ihr in *prima 4* gelernt? Was könnt ihr noch nicht so gut? Probiert es zu zweit aus und notiert für 1–31 im Heft: + *kann ich* oder – *muss ich wiederholen*.

Einheit 8

1 ... über Sport sprechen.
2 ... über Unfälle sprechen.
3 ... Ausreden/Entschuldigungen formulieren.
4 ... Gedächtnisübungen machen.

Ich kann

Ich reite gern. Ich finde Pferde so toll!

Einheit 9

5 ... über Ängste und Sorgen sprechen.
6 ... jemanden beruhigen/trösten.
7 ... Länder vergleichen.
8 ... eine Zimmereinrichtung beschreiben.
9 ... Verständigungsprobleme klären.
10 ... Tagebucheinträge verstehen.

Ich habe Angst, dass ich alles falsch mache.

Mach dir keine Sorgen. Das schaffst du schon.

Einheit 10

11 ... höflich fragen.
12 ... zustimmen und widersprechen.
13 ... gemeinsame Aktivitäten planen.
14 ... Texte über Feste verstehen und schreiben.

Am liebsten spiele ich Fußball mit meinen Freunden.

Alle Deutschen lieben den Karneval.

Nein, das stimmt so nicht.

Einheit 11

15 ... eine Stadt präsentieren.
16 ... nach dem Weg fragen und einen Weg beschreiben.
17 ... um Hilfe bitten.
18 ... höflich nach Informationen fragen.
19 ... ein Freizeitprogramm planen.

Berlin ist die Hauptstadt von Deutschland.

In Berlin gibt es viele Museen und Theater.

Einheit 12

20 ... sagen, wo man gerne leben möchte.
21 ... über Konsequenzen sprechen.
22 ... das Wetter beschreiben.
23 ... Tipps zum Umweltschutz verstehen.

Ich will was für die Umwelt tun.

Man kann eine Menge tun. Z.B. Strom sparen mit Energiesparlampen.

Es hat geregnet.

Einheit 13

24 ... Vorlieben und Abneigungen nennen.
25 ... zustimmen und ablehnen.
26 ... eine Reise planen.
27 ... Fahrkarten kaufen.

Wollen wir in den Europapark fahren?

Ich bin dagegen. Ich finde diese Parks nicht so toll.

Einheit 14

28 ... Vor- und Nachteile formulieren.
29 ... über Geschenke sprechen.
30 ... ein Fest planen.
31 ... jemanden verabschieden.

Was können wir ihm schenken?

Wir können ihm einen Basketball schenken.

Alles Gute für die Zukunft.

Große Pause

Grammatik wiederholen – Sprechen trainieren

Spielt zu viert: 2 gegen 2.

a A würfelt, kommt auf ein Feld und beantwortet je nach Farbe die Frage 1 oder 2:

1 Wohin gehst/fährst du? ⇨ ○ 2 Wo bist du? ●

b B findet zur Situation einen passenden Satz.
Wenn die Antwort oder der Satz falsch ist, geht A oder B ein Feld zurück. Jetzt würfelt B …
Wer ist zuerst am Ziel?

START ▶

1 Du bist gerade aus dem Zug gestiegen.

2 Du schwitzt. Es ist furchtbar warm!

3 Du hörst Musik und telefonierst.

4 Du möchtest ein paar Tage Ski und Snowboard fahren.

5 Es klingelt! Endlich Pause! Bio ist so langweilig!

6 Du hast deinen Arm gebrochen! Es tut furchtbar weh!

7 Du siehst gerade mit deinen Freunden den neuen „Spider-Man“ Film.

8 Du möchtest mal wieder laute Musik hören und tanzen.

Du hast heute den Reichstag, das Brandenburger Tor und das KaDeWe besucht.

10 Nach der Schule sitzt du im Bus. Bald ist Mittagessen. Du hast großen Hunger!

Du hast Milch, Eier, Käse und brauchst noch Spaghetti und Bananen.

12 Du musst deiner Oma eine Geburtstagskarte schicken.

Du gehst mit deinem Hund spazieren und siehst Jugendlichen beim Capoeira-Training zu.

14 Du machst mit deiner Familie Urlaub auf einer Insel. Du schwimmst jeden Tag.

Sie freut sich, dass du da bist, und hat dir einen Kuchen gebacken.

16 Du und deine Freundin sitzen im Bus. Ihr wollt heute Nachmittag shoppen.

Dein/e Freund/in hat Geburtstag. Ihr feiert, hört Musik, tanzt und esst Nudelsalat.

18 Du möchtest deine Freunde treffen, Musik hören, andere Leute sehen und etwas trinken.

Du machst einen Austausch und hast auch New York besucht.

20 Du bist so müde! Endlich kannst du schlafen!

ZIEL ◀

Alphabetische Wortliste

Die alphabetische Wortliste enthält alle Wörter dieses Buches mit Angabe der Einheit und der Seite, wo sie zum ersten Mal vorkommen. **Fett** gedruckte Wörter sind der **Lernwortschatz**. Bei Nomen stehen das Artikelzeichen und das Zeichen für die Pluralform. Bei Nomen, die man in Pluralform nicht oder nur selten verwendet, steht *„nur Sg."* Nomen mit Angabe *„nur Pl."* verwendet man nicht oder nur selten im Singular. Artikel in Klammern bedeutet, dass man diese Nomen meistens ohne Artikel verwendet.

Bei starken und unregelmäßigen Verben steht neben dem Infinitiv auch die Präsensform in 3. Person Sg. und die Partizipform. Trennbare Präfixe werden *kursiv* markiert.

Ein **.** oder ein _ unter dem Wort zeigt den Wortakzent: ạ = kurzer Vokal, a̲ = langer Vokal.

Im Arbeitsbuch findest du zu jeder Einheit eine detaillierte Auflistung des Lernwortschatzes.

A

A (A̲ustria) 8/7
A̲bendbrot, das, nur Sg. 14/60
A̲bendkasse, die, -n 11/39
***ạb*fahren, fährt ạb, ist ạbgefahren 13/54**
Ạbfahrt, die, -en 13/54
***ạb*fliegen, fliegt ạb, ist ạbgeflogen 13/54**
Ạbflug, der, "-e 13/54
*ạb*lehnen 13/49
Ạbneigung, die, -en 13/49
Ạbreise, die, -n 9/18
Ạbschied, der, -e 14/57
Ạbschiednehmen, das, nur Sg. 14/63
Ạbschiedsgeschenk, das, -e 14/59
Ạbschiedsparty, die, -s 14/57
Ạbschiedsspruch, der, "-e 14/63
Ạchterbahn, die, nur Sg. 10/22
Ạffenhitze, die, nur Sg. 12/43
Akademi̲e, die, -n 13/53
Akti̲on, die, -en 12/46
aktuẹll 10/27
Ạlkohol, der, -e 10/22
ạller Ze̲iten 8/8
ạllerdings 14/58
Ạlte, der/die, -n 14/63
Ạltstadt, die, "-e 10/27
Ạltstadtfest, das, -e 10/27
am bẹsten 8/5
am me̲isten 10/22
Ạmpel, die, -n 11/36
Ạnanas, die, -/-se 14/61
Ạnanassaft, der, "-e 14/61
Ạnfang, der, " -e 11/38
*ạn*hören, sich 14/62
***ạn*kommen, kommt ạn, ist ạngekommen 13/54**
Ạnkunft, die, "-e 13/54
ạnreisen 11/38
ạnstrengend 8/6
Ạntwortbogen, der, - KP/30
Ạnzeige, die, -n 10/26
***ạn*ziehen, zieht ạn, ạngezogen 9/13**
Ạnzug, der, "-e 10/23
Ạpfelsaft, der, "-e 14/64
Appeti̲t, der, nur Sg. 14/61
Ạrbeitsstelle, die, -n 14/58
Athe̲n (das) 12/43
Attrakti̲on, die, -en 10/27
a̲uf sein (= offen sein), ist a̲uf, ist a̲uf gewe̲sen 13/54
*a̲uf*bauen 12/47
***a̲uf*hören 14/62**
***a̲uf*regend 10/23**
A̲ufzug, der, "-e 8/7
a̲us sein, ist a̲us, ist a̲us gewesen 14/62
A̲usländer, der, - 14/58
*a̲us*probieren, probiert a̲us, a̲usprobiert 13/55
A̲usrede, die, -n 8/9
***a̲us*schalten 12/46**
a̲ußer 10/23
a̲ußerdem 12/46
A̲ussteller, der, - 11/38
A̲ustausch, der, nur Sg. 9/13
A̲ustauschblog, das/der, -s 10/23
A̲ustauschmöglichkeit, die, -en 9/19
A̲ustauschschüler, der, - 9/19
*a̲us*wählen 12/42
A̲usweis, der, -e 9/17
A̲utoverkehr, der, nur Sg. 13/50

B

bạcken, bặckt/bạckt, gẹbacken 10/23
Ba̲d, das, "-er 9/16
ba̲den 12/46
Ba̲deschaum, der, nur Sg. 14/60
BahnCard, die, -s 13/54
Ba̲hnreise, die, -n 13/55
Ba̲hnsteig, der, -e 13/54
Balkon, der, -s/-e 9/16
Bạll, der, "-e 8/10
Ballẹtt, das, -e 8/6
Ba̲sel (das) 13/49
Ba̲sketballmannschaft, die, -en 8/5
Ba̲sler Fạstnacht, die, nur Sg. 10/26
Ba̲u, der, -ten 13/50
Ba̲yern (das), nur Sg. 10/26
beạrbeiten KP/30
bedrụ̈ckend 9/19
begrẹnzt 13/54
Behịndertenolympia̲de, die, -n 8/5
be̲ißen, bịss, gebịssen 10/24
beli̲ebt 8/7
Bẹlgien (das) 9/19
Bemẹrkung, die, -en 13/54
Beru̲fsaussichten, die, nur Pl. 14/58
beru̲higen, beru̲higt, beru̲higt 9/13
besịchtigen, besịchtigt, besịchtigt 13/50
Besịchtigung, die, -en 11/38
besprẹchen, besprịcht, besprọchen GP/68
Bẹste, der/das/die, -n 10/23
beste̲hen, beste̲ht, bestạnden KP/30
bestẹllen, bestẹllt, bestẹllt 13/55
Besu̲ch der, -e 10/22
Besu̲cher, der, - 10/27

Bewerbungsformular, das, -e 9/15
bewerfen, bewirft, beworfen 10/25
bitten, bittet, gebeten 11/33
bloß 12/41
Bodensee, der, nur Sg. 13/49
Bodenseerundweg, der, -e 13/52
Bodybuilder, der, - 8/8
Bolivien (das) 10/25
Bordrestaurant, das, -s 13/54
Botschafter, der, - 8/8
Brandenburger Tor, das, nur Sg. 11/33
Braten, der, - 14/61
Brautpaar, das, -e 10/23
brechen, bricht, gebrochen 8/10
Brieffreundin, die, -nen 10/25
Buchung, die, -en 13/54
Bumerang, der, -s/-e 14/60
Bundesrepublik Deutschland, die, nur Sg. 11/34
Bundestag, der, -e 11/33
Burg, die, -en 13/50

C

Café, das, -s 11/37
Cannstatter Wasen, der, nur Sg. 10/22
CH (die Schweiz) 8/7
chaotisch 9/20
Check, der, -s GP/67
Checkpoint Charlie, der, nur Sg. 11/34
circa 10/23
Cocktail, der, -s 14/61
Coconut Cream, die, -s 14/61

D

D (Deutschland) 8/7
dafür 13/52
dagegen 13/52
daran 14/60
Dauer, die, nur Sg. 13/55
dauernd 13/52
davon 10/23
Delikatesse, die, -n 11/38
der-/das-/dieselbe 12/44
Detailansicht, die, -en 13/54
deutschsprachig 10/24
dieser/-es/-e 10/21
Ding, das, -e 12/46
Diskussion, die, -en 10/27
diskutieren 10/26
Dom, der, -e 13/50
Doppelzimmer, das, - 13/52
Dorf, das, "-er 12/41
dort KP/32
Dreiländereck, das, nur Sg. 9/19
drüben 11/33
Drucker, der, - 12/46
Dunkelheit, die, nur Sg. 9/19
Durst, der, nur Sg. 14/61

E

Ecke, die, -n 11/36
Eifersuchtsszene, die, -n 14/62
einfach 13/54
einmal 10/25
*ein*tragen, trägt ein, eingetragen
Eintritt frei 10/27
einwöchig 9/14
Einwohner, der, - 11/34
Einzelzimmer, das, - 13/52
einzige, der/das/die 8/8
Eisbär, der, -en 12/44
eisfrei 12/44
Elbe, die, nur Sg. 13/51
elegant 10/23
Elektrogerät, das, -e 12/46
Elektronik-Endverbraucher, der, - 11/38
Element, das, -e 14/62
Energie, die, Energien 12/45
energisch 10/25
Energiesparen, das, nur Sg. 12/46
Energiesparlampe, die, -n 12/45
engagieren, sich, engagiert, engagiert 8/8
engagiert 8/8
entscheiden (sich), enscheidet, entschieden 10/25
entspannen sich, entspannt, entspannt 8/6
Entspannung, die, nur Sg. 8/6
entwickeln, entwickelt, entwickelt 12/47
Erdöl, das, -e 12/45
Erfahrung, die, -en 9/15
erfinden, erfindet, erfunden 12/47
erfolgreich 11/38
ergänzen, ergänzt, ergänzt 10/27
Ergebnis, das, -se 8/11
Erklärung, die, -en 13/51
Ermäßigung, die, -en 11/40
erreichen, erreicht, erreicht 12/45
erst mal GP/65
Erwärmung, die, nur Sg. 12/44
Erwartung, die, -en 9/19
etwa 10/26
Europapark Rust, der, nur Sg. 13/50
Event, das, -s 11/38
eventuell 14/60
Experiment, das, -e 14/61
extra GP/67

F

Fabrik, die, -en 13/51
Fachmann, der, -leute 11/38
Fachpublikum, das, nur Sg. 11/38
Fahrer, der, - 8/8
Fahrkartenkauf, der, nur Sg. 13/55
Fahrkartenschalter, der, - 13/54
Fahrradmitnahme, die, nur Sg. 13/54
Fahrradweg, der, -e 13/50
Fahrradwerkstatt, die, "-en 12/47
Fahrstuhl, der, "-e 8/7
Fahrt, die, -en 13/51
Fahrzeit, die, -en 13/55
Fall, der, "-e 13/52
fallen, fällt, ist gefallen 8/11
Fantasie, die, Fantasien 9/18
Fasching, der, nur Sg. 13/50
fehlen 14/63
Feier, die, -n 10/23
Feiertag, der, -e 10/26
Felsen, der, - 13/50
Fernsehsender, der, - 13/50
Fernsehturm, der, "-e 9/19
Fest, das, -e 10/23
Festival, das, -s 10/27
*fest*legen 13/55
Feuer, das, - 12/44
Feuerwerk, das, -e 10/27
Filmfestival, das, -s 11/34
Filmrolle, die, -n 8/8
Fitness, die, nur Sg. 8/5
Fitnesswahnsinn, der, nur Sg. 8/7
fließen, fließt, ist geflossen 11/34
Flug, der, "-e 13/54
Flughafen, der, "- 13/51
Flusshafen, der, "- 13/50
Folge, die, -n 12/44
folgend 8/11
Folklorefest, das, -e 10/27
Formel 1, die, nur Sg. 8/8
Forum, das, Foren 12/46
Foul, das, -s 8/12
foulen 8/10
Free-Fall-Tower, der, -s 10/22
Freitagmorgen, der, 13/56
Freizeitangebot, das, -e 10/24
fröhlich 10/23
Frühsommer, der, - 11/34
Funkaustellung, die, -en 11/38
Funkmesse, die, -n 11/40

funktionieren, funktioniert, funktioniert 8/11
furchtbar 12/41
Fußballfan, der, -s 11/38
Fußgänger, der, - 13/53
Fußgängerzone, die, -n 13/50

G

Gang, der, "-e 13/54
Gänsehautgarantie, die, -n 11/38
Gastaufenthalt, der, -e 9/14
Gastfamilie, die, -n 9/14
Gastland, das, "-er 9/14
Gastschwester, die, -n 9/15
Gastvater, der, "- 9/14
geboren 8/8
Geburtsdatum, das, -daten 9/15
Gedächtnis, das, -se 8/5
Gedächtniskirche, die, nur Sg. 11/34
Gedächtnismeisterschaft, die, -en 8/5
Gedächtnissport, der, nur Sg. 8/11
Gedächtnisübung, die, -en 8/5
gefährlich 12/42
geführt 11/38
Gegenstand, der, "-e KP/29
geheim 14/60
Gehirnjogging, das, nur Sg. 8/11
Gelegenheit, die, -en 10/27
gelten, gilt, gegolten 8/8
genauso 10/24
Genf (das) 13/50
genug 12/45
geordnet 9/14
Gerät, das, -e 12/45
Geschenkidee, die, -n 14/58
Gestik, die , nur Sg. 9/18
gesund 12/45
geteilt 11/35
getrennt 11/35
Gips, der, nur Sg. 8/10
gleichzeitig 9/19
Glühbirne, die, -n 12/45
Gokart-Bahn, die, -en 8/8
Gouverneur, der, -e 8/8
Grad, der, -e 12/43
Grenze, die, -n 11/35
Grill, der, -s 14/61
grillen 14/61
Grund, der, "-e 14/58
gründen 12/47
Gruß, der, "-e 10/25
Gummibaum, der, "-e 14/60
Gymnastik, die, nur Sg. 8/6

H

Haarewaschen, das, nur Sg. 12/47
Hafengeburtstag, der, -e 10/26
Hähnchen, das, - 14/61
Halle, die, -n 8/6
Handball, das, nur Sg. 8/10
Hauptbahnhof, der, "-e 11/33
Hauptrolle, die, -n 11/38
Hauptstadt, die, "-e 11/34
Havel, die, nur Sg. 11/3
Hbf. (Hauptbahnhof, der, "-e) 13/54
Heiligenschein, der, nur Sg. 14/60
Heimatstadt, die, "-e 11/35
Heimweh, das, nur Sg. 9/19
heiß 10/25
heizen 12/45
Heizung, die, -en 12/45
Hektar, das/der, -/-e 12/44
herrlich 12/43
Himmel, der, - 12/41
hin und zurück 13/54
*hin*fallen, fällt hin, ist hingefallen 8/10
*hin*gehen, geht hin, ist hingegangen 10/27
hoffentlich 9/15
höflich 10/21
Holland (das) 9/19
Hygiene, die, nur Sg. 13/53

I

IC, der, -s (Intercityzug, der, "-e) 13/54
ICE, der, -s (Intercityexpresszug, der, "-e) 13/54
in puncto Mode 11/38
individuell 11/38
Industrie, die, nur Sg. 13/50
Industriestadt, die, "-e 13/50
Infohotline, die, -s 11/38
informieren, informiert, informiert 13/52
Initiative, die, -n 12/47
intensiv 10/27
interessant 10/26
interessiert 11/38
international 10/27
irgendwas 14/63
italienisch KP/29

J

jahrelang 8/8
Jahrhundert, das, -e 8/8
Jazzfest, das, -e 11/34
je zwei GP/66
jeweilig KP/31
jeweils 8/11
joggen 8/5
Judotraining, das, -s 8/9
Jugendkulturfestival, das, -s 10/27
jugendlich 10/27
Junioren-Gedächtnismeisterschaft, die, -en 8/11
Juniorenmeisterin, die, -nen 8/5

K

KaDeWe, das, nur Sg. (Kaufhaus des Westens 11/38
Kairo (das) 12/43
Kalender, der, - 10/21
Kälte, die, nur Sg. 12/41
Karnevalswagen, der, - 10/23
Karnevalswochenende, das, -n 10/25
Karnevalszug, der, "-e 10/23
Karriere, die, -n 8/8
Karte, die, -n 11/39
Kartenshop, der, -s 11/39
Kartoffelbrei, der, nur Sg. 9/13
Kartoffelsalat, der, -e 14/61
katholisch 10/26
Kaugummi, der, -s 14/59
kein ... mehr 12/44
keiner/keines/keine 12/45
Kickboxen, das, nur Sg. 8/5
Kinder-Aids, das, nur Sg. 8/8
Kinderbetreuung, die, nur Sg. 14/58
Kinderwagen, der, - 10/23
Kinderweltmeisterin, die, -nen 8/11
Kiste, die, -n 14/57
klappen 9/18
Klassenfahrt, die, -en 11/34
klassisch KP/29
Klimawandel, der, nur Sg. 12/44
Klinik, die, -en 8/10
knapp 8/11
Knutschfleck, der, -e 14/60
Koffer, der, - 9/17
Köln (das) 10/23
komisch 9/19
Konsequenz, die, -en 12/41
Konstanz (das) 13/49
Kontrolle, die, -n 11/37
Kopfweh, das, nur Sg. 8/11
Kosten, die, nur Pl. 11/39
kränken 14/60
Krankenhaus, das, "-er 8/11
Kreuzung, die, -en 11/36
kriegen 14/60

Krönung, die, -en 10/27
Küche, die, -n 9/16
kühl 12/42
kulinarisch 11/38
Kultur, die, -en 11/34
Kurfürstendamm, der, nur Sg. 11/33

L

Lämpchen, das, - 12/46
landen, landet, ist gelandet 13/54
Landkarte, die, -n 13/54
Landschaft, die, -en 12/42
lassen, lässt, lassen/gelassen 12/46
Laufwettbewerb, der, -e 10/27
Laune, die, -n 10/27
leben 12/41
lebendig 9/19
Lebensmittel, die, nur Pl. 14/61
legen 9/17
leihen, leiht, geliehen 14/59
Lesen, das, nur Sg. KP/30
Lime Juice, der, -s 14/61
Liste, die, -n KP/29
Löffel, der, - 14/61
Lohn, der, "-e 14/58
lokal 11/38
Loreleyfelsen, der, nur Sg. 13/51
los sein, ist los, ist los gewesen 10/26
lösen KP/32
Löwe, der, -n GP/65
Luft, die, "-e 11/33
Luxusartikel, der, - 11/38

M

Main, der, nur Sg. 10/27
Mainufer, das, - 10/27
mancher/-es/-e 10/23
Maracujasirup, der, nur Sg. 14/61
Markt, der, "-e 10/26
Marktrecht, das, -e 10/27
Matratze, die, -n 14/60
Mauer, die, -n 11/35
Medienstadt, die, "-e 13/50
Meerschweinchen, das, - 14/60
mehrheitlich 10/26
mehrmals 12/46
Menge, die, -n 14/61
merken, sich 8/11
Messe, die, -n 11/38
Migrant, der, -en 14/58
Million, die, -en 10/22
Ministerium, das, Ministerien 11/34
Mistwetter, das, nur Sg. 12/43
Mitglied, das, -er 12/46
*mit*lesen, liest mit, mitgelesen 13/54
mittelalterlich 10/27
mittelgroß 9/15
Modenschau, die, -en 11/38
Möglichkeit, die, -en 13/54
Moment, der, -e 9/19
Moped, das, -s 14/59
Moskau (das) 12/43
Motorradtreffen, das, - 10/27
Müllproblem, das, -e 12/47
Mülltrennung, die, nur Sg. 12/46
multikulturell 11/34
München (das) 10/22
Museumsbesuch, der, -e 11/35
Museumsinsel, die, nur Sg. 11/34
Musical, das, -s 11/38
Musiker, der, - 10/23
Musikproduzent, der, -en 13/50

N

Nachbar, der, -n GP/68
*nach*fragen KP/31
Nachteil, der, -e 9/19
Natur, die, nur Sg. 12/41
Naturschutz, der, nur Sg. 12/46
nee 14/57
negativ 12/45
Neujahrstag, der, -e 12/43
nicht mehr 12/43
niemals 14/63
Nordrhein-Westfalen (das) 8/8
Nordsee, die, nur Sg. 13/50
normalerweise 12/47
nutzen 14/63

O

offen 9/15
ohne 8/10
ökologisch 12/47
ökonomisch 13/50
Ökostadt, die, "-e 13/50
Oktoberfest, das, -e 10/22
Öl, das, -e 12/45
Olympiastadion, das, -stadien 11/38
Open-Air-Disco, die, -s 10/26
Open-Air-Konzert, das, -e 10/27
Orangensaft, der, "-e 14/61
Organisation, die, -en 9/14
Originalbesetzung, die, -en 11/38
Orkan, der, -e 12/42
Ort, der, -e 12/42
Osterei, das, -er 10/24

P

packen 14/57
Parlament, das, -e 11/33
Partnerschule, die, -n 9/14
Pass, der, "-e 13/54
Pfirsichnektar, der, -e 14/61
Pilot, der, -en 8/8
Platz, der, "-e 13/54
Politiker, der, - 8/8
politisch 10/27
Portal, das, -e 8/7
Portemonnaie, das, -s 9/17
Preis, der, -e 8/5
produzieren, produziert, produziert 13/50
Professor, der, Professoren 12/44
Programmangebot, das, -e 11/38
Projekttag, der, -e 10/23
Prominente, der/die, -n 8/8
protestantisch 10/26
Prüfer, der, - KP/31
Prüferin, die, -nen KP/31
Prüfungsblatt, das, "-er GP/67
Prüfungsteil, der, -e KP/31
Prüfungsverhalten, das, nur Sg. GP/67
Publikum, das, nur Sg. 11/38
Punkt, der, -e 11/35
Puppe, die, -n 14/59
putzen 12/46
puzzeln 8/6
Puzzle, das, -s 8/6

Q

Quellenkönigin, die, -nen 10/27

R

Radiomeldung, die, -en KP/30
Radiosendung, die, -en 12/44
Rahmenprogramm, das, -e 10/27
Rap, der, -s 10/27
rasen, rast, ist gerast 12/44
rauchen 12/45
reagieren, reagiert, reagiert KP/31
recherchieren, recherchiert, recherchiert 13/52
Recycling, das, nur Sg. 12/47
Regenwasser, das, nur Sg. 12/47
Regierung, die, -en 11/34
Regierungsviertel, das, - 11/34
Region, die, -en 10/27
Reichstagsgebäude, das, - 11/34
Reiseführer, der, - 14/59
Reiseplan, der, "-e 13/52

Umzug, der, "-e 14/58
unerträglich 14/62
Unfall, der, "-e 8/10
ungefährlich 12/42
unglaublich 11/35
Unsinn, der, nur Sg. 10/24
unterschiedlich 10/23
Unterschrift, die, -en 9/15
unterstützen, unterstützt, unterstützt 8/8
Urwald, der, "-er 12/42
US-Car-Show, die, -s 10/27

V

verabschieden, verabschiedet, verabschiedet 14/57
Verbindung, die, -en 13/55
verbrauchen, verbraucht, verbraucht 12/45
Verein, der, -e 8/5
vergeben, vergibt, vergeben 11/35
vergessen, vergisst, vergessen 12/46
Vergnügung, die, -en 13/53
Vergnügungspark, der, -s 13/50
verhalten, sich, verhält, verhalten GP/67
verkaufsoffen 10/27
Verkehr, der, nur Sg. 9/14
verkleidet 10/23
verletzen (sich), verletzt, verletzt 8/5
verliebt 14/62
vermissen, vermissst, vermisst 9/19
Verspätung, die, -en 8/9
Verständigung, die, nur Sg. 9/13
Verwandte, der/die, -n 10/23
verwenden, verwendet, verwendet 12/47
Verwendung, die, -en 12/47
viele 10/24
Volksfest, das, -e 10/22
***vor*bereiten, bereitet vor, vorbereitet 13/55**
Vorbereitung, die, -en KP/30
*vor*haben, hat vor, vorgehabt 10/26
Vorliebe, die, -n 13/49
Vorsicht! KP/29
Vorstellungsbeginn, der, nur Sg. 11/39
Vorteil, der, -e 9/19
*vor*tragen, trägt vor, vorgetragen 8/12
Vorwurf, der, "-e 8/9

W

wählen 10/23
Wahnsinn, der, nur Sg. 10/22
Wahrzeichen, das, - 13/50
Wald, der, "-er 12/42
wandern, wandert, ist gewandert 12/42
Waschen, das, nur Sg. 12/47
Waschlappen, der, - 14/60
Wasserfall, der, "-e 13/50
Wegbeschreibung, die, -en 11/36
Wein, der, -e 10/27
*weiter*fliegen, fliegt weiter, ist weitergeflogen 8/12
*weiter*spielen 8/5
weltbeste (der/das/die) 8/8
Weltmeister, der, - 8/11
Weltrangliste, die, -n 8/11
weltweit 11/38
werfen, wirft, geworfen 10/23
Wettbewerb, der, -e 12/47
Wetterbericht, der, -e 12/43
Wetterchaos, das, nur Sg. 12/44
wichtig 10/24
widersprechen, widerspricht, widersprochen 10/25
Wind, der, -e 12/42
windig 12/43
Wohnzimmer, das, - 9/16
Wörterbuch, das, "-er 14/58
wunderschön 9/19
Wurstbrot, das, -e GP/66
Wüste, die, -n 12/42

Z

zahlen 10/22
Zahn, der, "-e 12/47
Zähneputzen, das, nur Sg. 12/46
Zahnspange, die, -n 13/51
Zeichnung, die, -en 11/36
Zeitlang (eine Zeitlang) 12/42
Zeitungsüberschrift, die, -en 12/44
zerstören, zerstört, zerstört 12/44
Zettel, der, - 10/24
ziehen, zieht, gezogen KP/31
Zimmer, das, - 9/16
Zirkuszelt, das, -e 12/44
zu sein (= geschlossen sein), ist zu, ist zu gewesen 13/54
zu viert KP/31
zu zweit 9/15
***zu*geben, gibt zu, zugegeben 14/62**
Zugtyp, der, -en 13/54
Zukunft, die, nur Sg. 14/63
zuletzt 10/25
***zurück*fahren, fährt zurück, ist zurückgefahren 9/19**
*zurück*gehen, geht zurück, ist zurückgegangen KP/32
Zürich (das) 13/50
Zuschauer, der, - 10/23
zustimmen 10/21
Zwei-Tage-Ticket, das, -s 13/52
zweitgrößte (der/das/die) 11/38

Liste unregelmäßiger Verben

Infinitiv	Präsens – 3. Pers. Sg. er/es/sie	Perfekt – 3. Pers. Sg. er/es/sie
abhauen	haut ab	**ist** abgehauen
abschließen	schließt ab	hat abgeschlossen
abschreiben	schreibt ab	hat abgeschrieben
anfangen	fängt an	hat angefangen
anrufen	ruft an	hat angerufen
ansehen	sieht an	hat angesehen
aufschreiben	schreibt auf	hat aufgeschrieben
aufstehen	steht auf	**ist** aufgestanden
aussehen	sieht aus	hat ausgesehen
aussprechen	spricht aus	hat ausgesprochen
austragen	trägt aus	hat ausgetragen
backen	bäckt/backt	hat gebacken
beginnen	beginnt	hat begonnen
beißen	beißt	hat gebissen
bekommen	bekommt	hat bekommen
benennen	benennt	hat benannt
beschreiben	beschreibt	hat beschrieben
besprechen	bespricht	hat besprochen
bestehen	besteht	hat bestanden
bewerfen	bewirft	hat beworfen
bieten	bietet	hat geboten
bitten	bittet	hat gebeten
bleiben	bleibt	**ist** geblieben
brechen	bricht	hat gebrochen
brennen	brennt	hat gebrannt
bringen	bringt	hat gebracht
dabeihaben	hat dabei	hat dabeigehabt
denken	denkt	hat gedacht
dürfen	darf	hat gedurft
einladen	lädt ein	hat eingeladen
einschlafen	schläft ein	**ist** eingeschlafen
eislaufen	läuft eis	**ist** eisgelaufen
empfangen	empfängt	hat empfangen
entscheiden	entscheidet	hat entschieden
erfinden	erfindet	hat erfunden
erraten	errät	hat erraten
essen	isst	hat gegessen
fahren	fährt	**ist** gefahren
fallen	fällt	**ist** gefallen
fernsehen	sieht fern	hat ferngesehen
finden	findet	hat gefunden
fliegen	fliegt	**ist** geflogen
fließen	fließt	**ist** geflossen

Infinitiv	Präsens – 3. Pers. Sg. er/es/sie	Perfekt – 3. Pers. Sg. er/es/sie
fressen	frisst	hat gefressen
geben	gibt	hat gegeben
gefallen	gefällt	hat gefallen
gehen	geht	**ist** gegangen
gewinnen	gewinnt	hat gewonnen
haben	hat	hat gehabt
halten	hält	hat gehalten
hängen	hängt	hat gehangen
helfen	hilft	hat geholfen
herausfinden	findet heraus	hat herausgefunden
heißen	heißt	hat geheißen
helfen	hilft	hat geholfen
hingehen	geht hin	**ist** hingegangen
kennen	kennt	hat gekannt
kommen	kommt	**ist** gekommen
können	kann	hat gekonnt
lassen	lässt	hat gelassen
laufen	läuft	**ist** gelaufen
leiden	litt	hat gelitten
leihen	leiht	hat geliehen
lesen	liest	hat gelesen
liegen	liegt	hat gelegen
mitbringen	bringt mit	hat mitgebracht
mitkommen	kommt mit	**ist** mitgekommen
mitnehmen	nimmt mit	hat mitgenommen
mögen	mag	hat gemocht
müssen	muss	hat gemusst
nachdenken	denkt nach	hat nachgedacht
nachsprechen	spricht nach	hat nachgesprochen
nehmen	nimmt	hat genommen
nennen	nennt	hat genannt
raten	rät	hat geraten
reiten	reitet	**ist** geritten
rennen	rennt	**ist** gerannt
riechen	riecht	hat gerochen
rufen	ruft	hat gerufen
runterladen	lädt runter	hat runtergeladen
scheinen	scheint	hat geschienen
schlafen	schläft	hat geschlafen
schließen	schließt	hat geschlossen
schmelzen	schmilzt	**ist** geschmolzen
schreiben	schreibt	hat geschrieben
schwimmen	schwimmt	hat/**ist** geschwommen

Liste unregelmäßiger Verben

Infinitiv	Präsens – 3. Pers. Sg. er/es/sie	Perfekt – 3. Pers. Sg. er/es/sie
sehen	sieht	hat gesehen
sein	ist	**ist** gewesen
singen	singt	hat gesungen
sitzen	sitzt	hat gesessen
sollen	soll	hat gesollt
sprechen	spricht	hat gesprochen
springen	springt	**ist** gesprungen
stattfinden	findet statt	hat stattgefunden
stehen	steht	hat gestanden
steigen	steigt	**ist** gestiegen
streiten	streitet	hat gestritten
teilnehmen	nimmt teil	hat teilgenommen
tragen	trägt	hat getragen
trinken	trinkt	hat getrunken
tun	tut	hat getan
überlassen	überlässt	hat überlassen
umsteigen	steigt um	**ist** umgestiegen
umziehen	zieht um	**ist** umgezogen
verbinden	verbindet	hat verbunden
vergeben	vergibt	hat vergeben

Infinitiv	Präsens – 3. Pers. Sg. er/es/sie	Perfekt – 3. Pers. Sg. er/es/sie
vergessen	vergisst	hat vergessen
vergleichen	vergleicht	hat verglichen
verhalten sich	verhält sich	hat sich verhalten
vorhaben	hat vor	hat vorgehabt
verlassen	verlässt	hat verlassen
verlieren	verliert	hat verloren
verraten	verrät	hat verraten
verstehen	versteht	hat verstanden
vorgehen	geht vor	**ist** vorgegangen
vorlesen	liest vor	hat vorgelesen
vortragen	trägt vor	hat vorgetragen
waschen	wäscht	hat gewaschen
wehtun	tut weh	hat wehgetan
weiterlesen	liest weiter	hat weitergelesen
werden	wird	**ist** geworden
werfen	wirft	hat geworfen
widersprechen	widerspricht	hat widersprochen
wissen	weiß	hat gewusst
wollen	will	hat gewollt
ziehen	zieht	hat gezogen

Bildquellen

Umschlagfoto – Anke Schüttler – Fotolia / Radu Razvan, (B) – Fraus Verlag / Karel Brož, (C) – Fotolia / Ulrich Willmünder, (D) – Picture-Alliance / dpa, (E) – Photos, (F) – Photos; S. 06 (oben) – Fraus Verlag / Karel Brož, (unten) – Fraus Verlag / Karel Brož; S. 08 (oben) – ČTK / Balkis Press / abacapress.com, (mitten links) – ČTK / AP / Kaname Shikimachi, (mitten rechts) – ČTK / Frank May; S. 09 – Fraus Verlag / Karel Brož; S. 10 - Lutz Rohrmann; S. 11 – Picture-Alliance / dpa; S. 13 (A) – Fotolia / Hayden Simons, (Pferd) – Fotolia / cynoclub, (B) – Fraus Verlag / Karel Brož, (C) – Fotolia / Monkey Business, (D) – Fraus Verlag / Karel Brož, (E) – Fotolia / Joe Gough, (F) – Fraus Verlag / Karel Brož; S. 14 (A, B, C, D) – Fraus Verlag / Karel Brož; S. 18 (oben) – Fotolia / Yuri Arcurs, (unten) – Fraus Verlag / Karel Brož; S. 21 (A) – Lutz Rohrmann, (B) – Fotolia / Andreas Wechsel, (C) – Jana Tichá , (D) – Fotolia / Michael Fritzen; S. 22 – Fotolia / Diana Gräßer; S. 23 (nahoře) – Fraus Verlag / Karel Brož, (unten links) – Lutz Rohrmann, (unten rechts) – Rolf Hahn / GNU-FDL / Wikimedia Commons; S. 24 – Lutz Rohrmann; S. 25 – Lutz Rohrmann; S. 26 (oben) – Stadt Basel / Stadtmarketing Basel, (unten links) – Fotolia / Ralf Wierwille, (unten rechts) – Photos; S. 27 (alles) – Lutz Rohrmann; S. 30 – Fraus Verlag / Karel Brož; S. 31 – Fraus Verlag / Karel Brož; S. 32 – Photos; S. 33 (A) – Max-Color / Markus Hannes, (B) – Lutz Rohrmann, (C) – Fraus Verlag / Karel Brož, (D) – Lutz Rohrmann, (E) – Max-Color / Markus Hannes, (F) – ČTK / AP / Michael Sohn, (Elefant) – PhotoDisc Lions, Tigers and Bears; s. 34 (oben) – Fraus Verlag / Karel Brož, (Wannsee) – Lutz Rohrmann, (Museumsinsel) – airworkpress.com, (Fernsehturm) – Fraus Verlag / Karel Brož, (Sony-Center) – Věra Frausová; S. 35 (oben) – Max-Color / Markus Hannes, (Mauermuseum) – Raimond Spekking / GNU-FDL / Wikipedia, (mitten links) – ČTK, (mitten) – The weaver / GNU-FDL / Wikipedia; s. 37 (U-Bahn Plan) – Petr Vítek; s. 38 (oben links) – Franz Xaver Winterhalter / Wikipedia, (oben in mitten) – ČTK, (oben rechts) – ČTK / AP / Fritz Reiss, (unten links) – Anna Rosa Stohldreier, (unten rechts) – ČTK / Rainer Jensen; S. 41 (A, B, C, D, F, G, H) – Lutz Rohrmann, (E) – Photos; S. 42 – Fraus Verlag / Karel Brož; S. 44 (A) – Aleš Sládek, (B) – ČTK / AP, (C) – ČTK / David Veis, (D) – ČTK / Stanislav Peška, (E) – Photos; S. 45 – Fraus Verlag / Karel Brož; S. 46 (oben rechts) – Fotolia / stta, (unten links) – Fotolia / aberenyi, (unten mitten) – Fotolia / c, (unten rechts) – Fotolia / PictureArt; S. 47 – Lutz Rohrmann; S. 49 (Köln) – SXC / Thomas Römer, (Bingen) – Fotolia / Anja Krummeck, (Mannheim) – Lutz Rohrmann, (Frankfurt am Main) – Presse und Information der Stadt Frankfurt / H. D. Fehrenzi, (Freiburg) – Fotolia / reises, (Straßburg) – Milada Vlachová, (Schaffhausen) – Fraus Verlag / Karel Brož, (Basel) – Stadt Basel / Stadtmarketing Basel; S. 50 (A) – Fotolia, (B) – Lutz Rohrmann, (C) – Library of Congress / Wikipedia, (D) – popakademie.de, (E) – Lutz Rohrmann, (F) – Lutz Rohrmann; S. 52 (vlevo) – Fotolia / Diana Kosaric, (uprostřed) – Fotolia / Philip Lange; (rechts) – Lutz Rohrmann; S. 54 (Zug) – Fraus Verlag / Karel Brož, (Bahnhof) – Max-Color / Markus Hannes; S. 55 – Fraus Verlag / Karel Brož; S. 57 (A) – Lutz Rohrmann, (B, C, D) – Fraus Verlag / Karel Brož; S. 58 – Fraus Verlag / Karel Brož; S. 61 (mitten) – Fraus Verlag / Karel Brož, (unten) – Fotolia / Heino Pattschull; S. 63 (alles) – Fraus Verlag / Karel Brož; s. 66 (mitten) – Fraus Verlag / Karel Brož

Für die Bereitschaft, das Entgegenkommen und die Mitarbeit bei der Fotoerfassung bedankt sich Verlag Fraus bei Herrn Direktor, den Lehrerinnen und bei den Schülerinnen und Schülern der Grundschule in Dobřany.